被ばく地フクシマに立って

——現場から、世界から

川上直哉［著］

YOBEL,Inc.

装丁　ロゴスデザイン：長尾 優

被ばく地フクシマに立って——現場から、世界から　目次

III　被ばく地フクシマに立って――現場から、世界から（3）フクシマから未来へ　157

はじめに――核から解放される「出エジプト」の旅

1　本書タイトルについて

本書のタイトルは、「被ばく地フクシマに立って」としました。このタイトルに、いくつかの思いが込められています。

(1)「被ばく地」という言葉

「被ばく地(被曝地)」という言葉は、とても大切な言葉になりました。1945年8月、広島市と長崎市に、原子爆弾が投下されました。その爆弾は爆発し、その爆風と熱線が地獄の光景を産み出しました。通常「ヒロシマ・ナガサキ」という言葉で語られるのは「被爆」です。それは、爆弾による爆風と熱線の被害を中心に語られる言葉として、適切だと思います。

しかし、この惨劇に至る過程で、ウラン鉱山の労働者と、トリニティ実験場の労働者、そして鉱山と実験場の周辺の住民が、放射線に「被ばく」しました。さらに、ヒロシマ・ナガサキの後に、原水爆実験が、無人島や砂漠で続きます。そこに「爆発」や「爆風」に人が曝《さら》されるという惨劇は、なかったかもしれません。しかし、そこに放射能被ばくの問題が残された。「ヒロシマ・ナガサキ」に連なる被害は、確かにそこにあったのです。そして、その被害は、今もあり続けています

２０１1年3月12日、株式会社「東京電力」福島第一原子力発電所が、爆発事故を起こしました。それは巨大な出来事でした。しかし、それは惨劇の一部にすぎませんでした。放射線による被害は、肉体的に、社会的に、心理的に、そして精神的に、今も深く広く浸透しつつあります。それは、「ヒロシマ・ナガサキ」の前に始まった放射線被害に連なるものです。そしてそれは「ヒロシマ・ナガサキ」の後、20世紀末までに２０００回以上も強行された「核実験」の被害にも連なるものです。その意味で、「被ばく」という言葉には、とても重要な意味があると思います。

（2）「フクシマ」という言葉

「フクシマ」という言葉も、同じように、重要な意味をもっています。「株式会社 東京電力 福島第一原子力発電所の爆発事故」は、「福島第一原発事故」と略されます。「福島県の事故」であるかのような印象が、そこから生まれます。でも、その印象は、間違っています。

原発事故の問題の根は、放射性物質にあります。2014年8月8日にはっきりわかった通り、「マスクを透過するほど小さい、水に溶けない、ガイガーカウンターで補足できない」放射性物質が、相当量、飛び散った。このことこそ、問題の根本です。その物質は、茨城県内の塵の中に確認されたと、NHKは報じています。つまり、問題は、もちろん、福島県の県境を越えて広がっている。それはちょうど、1945年8月の出来事が、広島市・長崎市の地境を越えて広がっているのと、同じです。実際、海外の方が「No More Fukushima」と訴える時、それは「福島県」のことを必ずしも意識していません。むしろそこには「株式会社 東京電力 福島第一原子力発電所の事故の影響を受けている地域」が意識されています。私は、「フクシマ」という言葉で、この意識を共有したいと思います。

(3) タイトルの中に隠された問い

そして、「被ばく地フクシマに立って」というタイトルは、「どこへ向かうのか？」という問いを、その内側に隠しています。その問いへの答えは、「核から解放された世界へ」です。

「核から解放された世界へ」。これは、とてもキリスト教的な言葉遣いです。それは「反原発」とも、「脱原発」とも、違います。それは、現場に立って生まれた言葉なのです。以下、現場で積み上げた思索の跡を、簡単に辿ってみたいと思います。

2　本書に至るまでの道のり

震災以来、現場にいる私たちは、実に多くの来訪者をお迎えしました。実にたくさんの方々が、善意と厚意を携えて被災地を訪れ、その痛みに共感を示し、できることを探してくださいました。その熱意と誠意に、現地案内人となる私たちは、何度も感激を覚え、励ましを与えられたことでした。

２０１４年ころから、福島県内への来訪者が増え始めました。とりわけ海外からの来訪者の、福島県への来訪には、いつも、一種の「冒険」の気配が伴っていたことは、興味深いことでした。緊張して県境を越え、ガイガーカウンターの数値を注視しながら、一見平穏である景色に目を凝らす。住民や支援者の話を聞き、そして帰路、あるいは帰国後、彼ら／彼女らは、真剣な問いを、私に寄せてくださる――「なぜ、あなたは、そしてあなたの子どもたちは、〝あの〟場所に留まっているのですか？」旅を通して生まれた親近感が、静かな問いかけをせずにおれない思いを呼ぶのでしょう。真剣な言葉が、控えめな言葉遣いで、いくつも私のところに届けられています。

海外の目は、震災前の私たちの目だと思います。その目に、私たちは、どう映っているのでしょうか。

（1）被ばく地の不安と孤立

2014年3月12日夜、11日から開始されていた日本基督教団東日本大震災国際会議に合わせて、私たちは小さな国際会議を開催しました。仙台市内にある日本バプテスト連盟 南光台キリスト教会が会場となり、韓国・ニュージーランド・タヒチ・仙台の教会関係者と、仙台および東京の市民活動家、そして仙台の医師が集ったものです。そこでは、ムルロア環礁における200回を超える核実験の結果生まれた被ばく者の苦しみと連帯、そして共闘が、タヒチから語られました。そこに、ドイツ放射線防護協会のプフルークバイル（Sebastian Pflugbeil）氏が参加していました。プフルークバイル氏は、終始、沈鬱な表情を崩しませんでした。

その後、プフルークバイル氏はドイツで記者会見を行い、東京にまでメルトダウンの結果と思われる核廃棄物が点在していること、そして、その問題について、日本においては、官民挙げてこれを無視する体制が取られていることを報告しています[1]。

現在、宮城県内では、普通に野草が食卓に供されています。その元となる土壌はほぼ全域に亘って放射能を帯びているにもかかわらず。こうしたことは、少なくとも2015年時点での福島県内では、なされないことです。それだけ、放射能に対する意識が高いのです。しかし、県境を越えるとその意識は消えてしまいます。でも、放射能汚染をもたらす放射性物質の飛散に、県境線は、ほとんど何の関係もありません。ですから、今既に、多くの人々が（仙台に住みしばしば地域の人々と食卓を共にしている私を含めて）、所謂「内部被ばく」の危険性を帯びていることになります。それが「フクシマ」の現状です。

この現実の中で、フクシマの不安と孤立は深まります。現実を無視しようとすれば、不安はむしろ昂進します。でも、現実を見つめる人は、「空気を読まない」者として孤立します。孤立させられるだけではありません。本当に、「精神の病」を疑われ、通院させられる痛ましいケースを、私は複数知っています。その中で、とりわけ母親たちの苦しみは深くなります。

例えば、こんな歌があるのです。福島県の人口密集地で被ばくの恐怖に怯える女性が記した、切々とした歌です。

布団の中が(2) 0.4μSv/h。
誰か鉛で布団を作ってくれたら(3)、　せめて睡眠中くらい安心したい。　ありえない。

福島でつらいこと
今もまだ すやすや　寝息の　聞こえる　この子等の
その柔らかな　まつ毛や頬を　撫でていました
被ばくさせる為に　産んだのではない　被ばくする為に　産まれたのではない

福島でつらいこと
交通事故や 犯罪転校　自然災害　農薬の　リスクを　いろいろ　考えてました
放射能だけでは ないんだよって言葉を　何回も聞きました
そういわれる　たびに　覚悟のできない　わたしが　ここにいました

福島でつらいこと
今日 子どもが　鼻血を　だしました
多分　乾燥していたせいかな　多分　暑かったからかな　きっと　触ってたからかな
そうだ　ぶつけたのかな　なんて　思い込みか　言い訳を　かれこれ　何回も　しています

福島でつらいこと
転校した[4]福島の　学校から　配られた三つの　ガラスバッチは
小さなミドリ色で　そこに　がんばろうと　書いてありました
転校当日　子どもの　首にかけるのを　ためらい　手提げ袋に　くくりつけ
がんばろうって　文字を　憎んで　いました

福島でつらいこと
離婚でいく所の　ないわたしは　鬱になり実家へ　戻りました
子どもの一呼吸も　苦しくて　膝をかかえて　この世が終わればいい
明日が来なければいい　なんで生まれてきたんだ　産んだんだと
時に　子どもらの前で　実母を攻撃し　目を腫らす事も　ありました

福島でつらいこと
移住の気持ち[5]を　伝えると　父は電話で
そこで我慢しろ　大丈夫だと

静かに怒って　いいました　可愛さあまり　憎さなんとか
裏切るような　気持ちで　子どもらを守りたいと
泣きそうに　なりながら　話してると　電話は切れました

福島でつらいこと
それから父と　話すことはなく　時間ばかりがすぎて　家を建てた
幸せな弟夫婦に　放射能話を　笑われて
近所の公園には　家族連れが　ピクニックして　おにぎりを　頬張ってて
途方にくれて　おかしくなりそうで　なにが現実か　おかしくなりそうで

福島でつらいこと
実家の母は　放射能を気にしてる　実家の父は　国に騙されて福島で　生きると
そんな二人は　日々喧嘩しながら　多分　等しく　被ばくして
今もこの時間を　過ごしてる　被ばくなんて　して欲しくない
子どもも大人も年寄りも　被ばくなんて　ありえない　ありえない

福島でつらいこと
もう　こうなったら　やっぱり　自分の信じる道を　生きるという
結論まで　三年以上毎日　悩みました
旦那にあわせ　周りにあわせ　行事や学校にあわせ　福島にあわせて　きました
最後は自分に　あわせて　残りの人生を　生きてみたい　できるかな。

この女性は、仙台で日本基督教団東北教区放射能問題対策支援室「いずみ」を訪れ、そして紹介を受けて仙台食品放射能計測所「いのり」に通うようになりました。そこで何度も涙と共に苦しみを打ち明け、そしてついに、京都に避難して行ったのです。そこには、たくさんの助力者の温かい厚意が積み重なっていました。

彼女は、問題は何であるかを、はっきり示してくれています。問題は、「自分に合わせて自分の人生を生きること」が阻害されていることにある。そうした阻害をこそ、「人権侵害」というのではなかったでしょうか。この人権侵害は、「旦那」「周り」「行事」「学校」そして「福島」に合わせるように！　という圧力として、隠微に生じ、密やかにのしかかる。とりわけ今、「復興」が「自分に合わせて自分の人生を生きる」ことを阻んでいます。その圧力は、「自分が自分の子どもを被ばくさせている」という罪責感を、生傷のように親の魂に残すのです。そうして親は、自分と子どもの未来に深く落とし込まれた暗い影を前に、言葉を封じられ、窒息しそうになっています。[6]

以上は、東京電力福島第一原子力発電所事故後の現実の一断面にすぎません。こうした現実は、福島県内に留まらないのです。海外の人々がFukushimaという時、福島県の県境に閉じられた空間を意味してはいない。問題は、福島県を取り囲む広大な地域に及んでいます。だから、その全域を、私は「フクシマ」と呼ぼうと思うのです。決して、問題を福島県内に矮小化しないために。実際、その矮小化は既に密やかに広がっており、それは結局、一種の深刻な差別の実践に他ならないものとなっていると思います。この逸脱に、仙台に住む私も、加担していないだろうか――そう厳しく自戒しながら、私は「フクシマ」という言葉を使いたいと思います。

（2）20世紀神学の成果の結集

こうした現実の中で、私たちはどうしたらよいのか。その問いを持って、私はＷＣＣ[7]を中心に、神学者仲間を訪ねて回りました。そして私のこの問いは、一つの課題に行き着きます。[8]それは「現場でどう祈ったらよいのか」という問いへの答えを求めて神義論[9]を展開することでした。それは、

20世紀の現代神学の成果を踏まえて、その先へ進むことでもありました。このことを、簡単に説明します。

20世紀、とりわけ1945年以降、現代神学は大きく変わりました[10]。それは、17世紀のリスボン大震災の後に深く疑われた「ライプニッツ的神義論」を乗り越える道程であったと言われています。つまり、「最後は神様が何とか良くしてくれる！」という楽観的なポジティブシンキングに疑問を挿し込む人々の、真面目な歩みでした。20世紀の世界大戦の惨劇を経て、遂に、神学者たちは、「神学における二つの移動」を成し遂げます。二つの移動というのは、第一に終末論を未来から現代へ移動させ、第二に神の位置を天から地へ移動させることでした。以下、その二つの移動を簡単に説明してみましょう。

第一の移動は、「終末論を未来から現代へ」移動させるものでした。それはつまり、「終末」に神が裁きの座に就く、という観念を一旦停止し、「現在」神は苦しみの中にいらっしゃって、終末的な裁きの到来を今、神が自ら引き受け、以て新しい世界を到来させるのだ、としました[11]。この考え方によって、天災や人災を「天罰」あるいは「当然の報い」とする考え方は、完全に拒否されるようになります。これは、20世紀の大きな成果でした。

第二の移動は、「神の位地を天から地へ」移動させるものでした。これは、上述した第一の移動とつながっている議論です。つまり、「天の高みから衆生を見下ろす神」を否定し、「苦しみの奥底に下って自ら苦しみを引き受ける神」を確認する。そうして、第一の移動を理論的に補完したのが、第二の移動、ということになります。

現代神学におけるこの「二つの移動」が、フクシマを巡る真剣な議論の中で意味を持ち始めました。それは２０１２年12月に会津で開催された国際会議を起点とし、２０１３年11月にもたれたＷＣＣ第10回釜山総会に結実して一つの声明文がまとめられ、その声明文は、２０１４年７月にジュネーブで開催されたＷＣＣ中央委員会で採択されるに至りました[12]。

私は、この運動に最初から加わることを通して、今私たちが向き合っている被ばく地フクシマの課題は何だろうと考え続けました。そしてその答えは「祈り」にあると知りました。「神と共に、神の前で、神のいない世界で、祈ること」。そのことによって、「神も仏もない」世界に、自らが超越への指標として立つこと。その方途を探ること。これが、私たちキリスト者あるいは宗教者の役割だと、知ったのです。

(3)「テクノクラシー」という課題

こうして、被ばく地フクシマの課題に取り組み、「どうやってこの被ばく地で祈るか」という課題に行き着いた私は、その後「そこにある悪及び罪の正体は何か[13]」を考え始めました。いったい私たちは何と格闘しているのでしょうか。拝金主義か、グローバル経済か、あるいは、ナショナリズムなのか、〈帝国〉なのか――その答えが出れば、私たちは祈り続けることも、できるかもしれない。

答えを求め、私は再び神学者を尋ねて回りました。現在得られた一つの結論は、「テクノクラシー」という語によってまとめられます。それは、民衆神学者 金容福《キムヨンボク》さんとの対話のなかで、一つの形を持つようになりました。それは、おおよそ以下のようなものとなりました。

ａ　国家を倒しても、企業を倒しても、おそらく原発推進の力は衰えない。「超大国」アメリカを倒したとしても、それは同じであろう。先のプフルークバイル氏の報告の通り、フクシマの現実を無視しようとして努力しているのは、一般の「私たち」ひとりひとりなのだから。

ｂ　では、何を目当てに私たちは格闘するのか。それは「テクノクラシー」である。「テクノ・クラシー」と分節されるこの語は、ギリシャ語であり「テクネーの支配」を意味する。「テクネー」とは何か。それは翻訳不能な語であり、かろうじて「技術」という語に（はみ出しながら）照応している。「テクネー」はむしろ「パイデア」の対義語としてのみ、その意味を捉えられる。「パイデア」とは「humanitas（人文学）」として西欧中世に復活した「教養」である。それは中世までに欧州で確立した「貴族の学」であり「正しい支配のための学」であり、現代的に言い換えれば「世界と人間を可能な限り数と論理で捉えようとする学問」となる。

c「テクノクラシー」とは、この「パイデア」の反対にあるものの支配である。それは何か。それは「手続きと仕組みの支配」と言える。それは公正な手続きによって組み立てられた仕組みの中で、勝負と損得の言葉（政治と商売の言葉）によって彩られる。ちょうどその反対に、「パイデア」は、個々人の個性と創造性の中で、生命と幸せを語る言葉によって彩られている。

d「手続きと仕組みの支配」の中で「勝負と損得の言葉」がすべてを覆う時、他の問題と連鎖し、そして諸問題を包含しつつ、放射能というエネルギーの問題が、あらゆる位相に染み透るようにして顕在化する。それが被ばく地フクシマで顕現した「テクノクラシー」であり、私たちの向き合っている問題の本質である。

e「手続きと仕組みの支配＝テクノクラシー」の、何が問題か。その問題は、無責任を常態化する点にある。責任とは、個人がその人格をかけて看取するものである。そこには個人がいなければならない。しかし、「手続き」も「仕組み」も、すべては「みんな」で作り上げたものに過ぎない。本来は、それらを、個人が、個人の責任において、何らかの目的のために用いる。そうしてはじめて、問題が起こった後の対応も可能となる。しかし、「手続きと仕組み」が目的化されればどうか。それは「みんな」の責任になる。結果、だれも責任を取らない。「赤信号 みんなで渡れば こわくない」とは、もうずいぶん言い古された言葉である。「みんなで渡れば」怖くない。でも、それは危険である。この単純なことがわからなくなる。あるいは、分かっても、それをどうすることもできなくなる。「しょうがない」から、誰かを切り捨てる。そうして、今、被ばく地フクシマは苦しんでいる。

(4) 核から解放される出エジプトの旅路

以上の結論に至って、旧約聖書の故事が思い出されてきます。

古代エジプト帝国のこと。民を守るための「大いなる家」を意味する「ファラオ」が支配したこの帝国は、ある時、その帝国の維持のために、奴隷の子どもを皆殺しにすることを決定し、実行しました。つまり、民を守るための手段に過ぎなかったはずの「帝国」という制度は、いつしかそれ自身が自己目的化していたのです。恐ろしいことに、帝国は自らの存続を図るために民を犠牲にすることを堂々と開始した。その時、奴隷たちは呻いた。その嘆息を、聖書の神が聴いた。聖書の神は耐えられなくなった。そして、一人の王家の男、挫折し放浪した挙句に羊飼いとなっていた男が、遠くミディアンの地からエジプトに呼び戻された。その男の名前はモーセ。彼は「杖一本」を片手に、最高権力者ファラオに対峙し、遂にエジプトの奴隷を解放する。モーセは、言ってみれば「古代版テクノクラシー」の桎梏《しっこく》から、民を解放したのです。しかし、恐るべき出来事を経て奴隷の家を脱出した後に、長い旅が待っていました。その解放の旅は、実に長く苦しいものとなりました。

この昔話を思い出し、とりわけその解放の旅路の最後に注目しながら、韓国の神学者張允載《ジャンインジェ》は、原子力＝核エネルギーを巡る現代神学の議論の不備・不足を丁寧に確認した上で、力強く一つの幻を語りました。それは、２０１２年12月に会津で仏教者と共に行った国際会議での、忘れがたい出来事です。その講演の結論部分は、以下の通りでした。

今私たちは、核産業（原子力産業）と核兵器によって生命が脅かされる時代と対峙しています。かつてのイスラエルの人々のことを思い出してみましょう。この人々が40年の砂漠の旅を生き抜き、ヨルダン川を渡って、いざカナンに入る直前に、神はこう言われました。

「わたしは今日、天と地をあなたたちに対する証人として呼び出し、生と死、祝福と呪いをあなたの前に置く。あなたは命を選び、あなたもあなたの子孫も命を得るようにしなさい。」

（申命記30章19節）

今こそ私たちは、最初に核実験が行われた場所・ホルナダ・デル・ムエルト（米ニュー・メキシコ州の砂漠および砂漠にある約160㎞の道路であり、その語源は、スペインの征服者が名付けたもので、journey of the dead man の意味である）を抜け出て行かなければなりません。この砂漠で「死の遊び」が始まったのです。これを止めて、「いのち」を選ばねばならない。核から解放された世界への出エジプトが、ここに始まらなければならない。私たちは今『バガヴァッド・ギーター』（「神の詩」の意。ヒンドゥー教の重要な聖典の一つ）が語るところの「死、即ち世界の破壊者」のようなものとなっています。だから、このインドの古い物語が語る通り、私たちも、大地を維持し育む者へと変わって行きましょう。その旅路の先に、私たちは人間性を取り戻せるはずなのですから。長く厳しい旅路となるかもしれません。しかしその旅において、あなたは孤独ではないのです。なぜなら、この出エジプトの道は、いつか、いのちと正義を重んじる多くの人々の列となるのですから。[14]

こうして、張は、「核から解放された世界へ」の旅路に向けて、会議の参加者を誘い、励ましたのです。そしてその旅は、２０１４年７月のＷＣＣ中央委員会において「核から解放された世界へ」と題した声明文（巻末資料①「ＷＣＣ声明文」参照）の獲得に到達しました。願わくば、この声明文が、「出エジプト記」における十戒の役割を果たさんことを！——と、そう祈る思いが胸にたぎります。

3　本書の構成

本書は、張が幻視した「核から解放された世界」への旅路における、最初のまとまった報告になると思います。世界から、そして現場から、「被ばく地フクシマ」で紡がれる新しい言葉を探す旅。私は神学者だから、その旅路で、神学を試みたのでした。

「核から解放された世界へ」の旅の最初は、言葉を失う現実から始まりました。それでまず、私たちは言葉を探した。それが旅の始まりでした。ですから、本書の第一部は、放射能被災地の概況を報告するものとします。

そして、その現場の呻吟への応答として、声明文「核から解放された世界へ」(本書巻末資料を参照ください)が生まれました。その背景は何か、そしてその意味は何か。それを、第二部として議論したいと思います。

最後に、現場からの声と世界からの声が出会うその先に、超越ということを考えてみたいと思います。つまり、聖書と祈りの場面です。それが、第三部となります。

この「はじめに」に直接つながるものとして、巻末に「おわりに」と題した一文を掲載します。そこに、世界の仲間との議論から被災地の現場へと戻る様子をお示ししたく存じます。こうした構成はつまり、この本を読んでくださる方々と私たちがご一緒に、これからはるかに長く続く旅路を、また一歩、一歩、踏みしめて行く、そんな読書の時となればと願ってのことです。

それでは、旅を始めることといたしましょう。

注

(1) http://vogelgarten.blogspot.jp/

（2）単位は「μSv/h」。「0.4μSv/h」であれば、通常、放射線管理区域となることが予想される。つまり、飲食就寝が禁止される区域となる可能性が高い。

（3）鉛は、放射線を遮蔽する物質の代表とされる。

（4）この作者は、放射能禍についての見解がご夫君と合わず、それが原因で別居して福島県内のご実家に帰省し、その後、離婚に至った。

（5）この作者は、放射能禍を警戒し、仙台市から小樽市へ避難し、そこから仙台市に戻って後、離婚してご両親の住む福島県川俣町へ転居し、その後再び仙台市に住んでから、京都へ転居した。この一節は、仙台から京都への転居時のもの。

（6）チェルノブイリ事故の後、こうした心的外傷を指して「フラッシュ・フォーワード」と呼ぶ言葉が生まれたという。これは、過去の出来事によって繰り返し起こる心的外傷を指す言葉「フラッシュ・バック」を改変して作られた言葉であるという。木村真三『放射能汚染地図」の今』（講談社、２０１４年）を参照。

（7）World Council of Churches（世界教会協議会）の略称。プロテスタントと正教の教会から構成され、会員は5億人を超えるとされる。日本では日本基督教団、在日大韓基督教会、日本聖公会の三つの教団が、ＷＣＣに加盟している。

（8）拙稿「被ばく地フクシマに立つ教会：マオ博士の講演に対する被災地からの応答」『聖学院大学総合

研究所紀要』56号別冊、２０１４年；"The Church on the Exposured Fukushima: A response from the affected area to the address of Rev. Dr. Richard J. Mouw," *The Theology Japan*, v. 7, Seigakuin University Press, 2014.

（9）神学の中で、特に「神の正義を問う議論」のこと。あるいは「神が現場においてどのように正義を実現するのか」を探究する議論ともいわれる。私は後者の立場で「神義論」という言葉を用いている。

（10）その先駆的な位置に、第一世界大戦後の神学がある。欧州大陸ではバルト（Karl Barth）、英米ではフォーサイス（Peter Taylor Forsyth）等がその代表となる。

（11）実に、この大転換こそ、「十字架」というシンボルが示している事柄の核心である。

（12）http://tohokuhelp.com/jp/massage/08/index.html

（13）罪と悪の区別については、別途詳論しなければならない重要な論題である。ここではとりあえず、結論的に、「悪＝欠損」「罪＝過剰」とだけしておく。その区別の背景にあるのは、ライプニッツ―ラッセルによる「悪」の哲学的検討と、キルケゴールの「罪＝絶望」という理解である。

（14）Jang, Yoon-Jae, "Exodus to a Nuclear-free World"（２０１２年12月に会津若松市で行われた「原子力に関する宗教者国際会議」プレゼンテーション）の末尾。このプレゼンテーション原稿を含む国際会議全体については、http://www.npf.or.jp/promote_peace/cn132/genshiryoku_sekai_kaigi.html を参照。

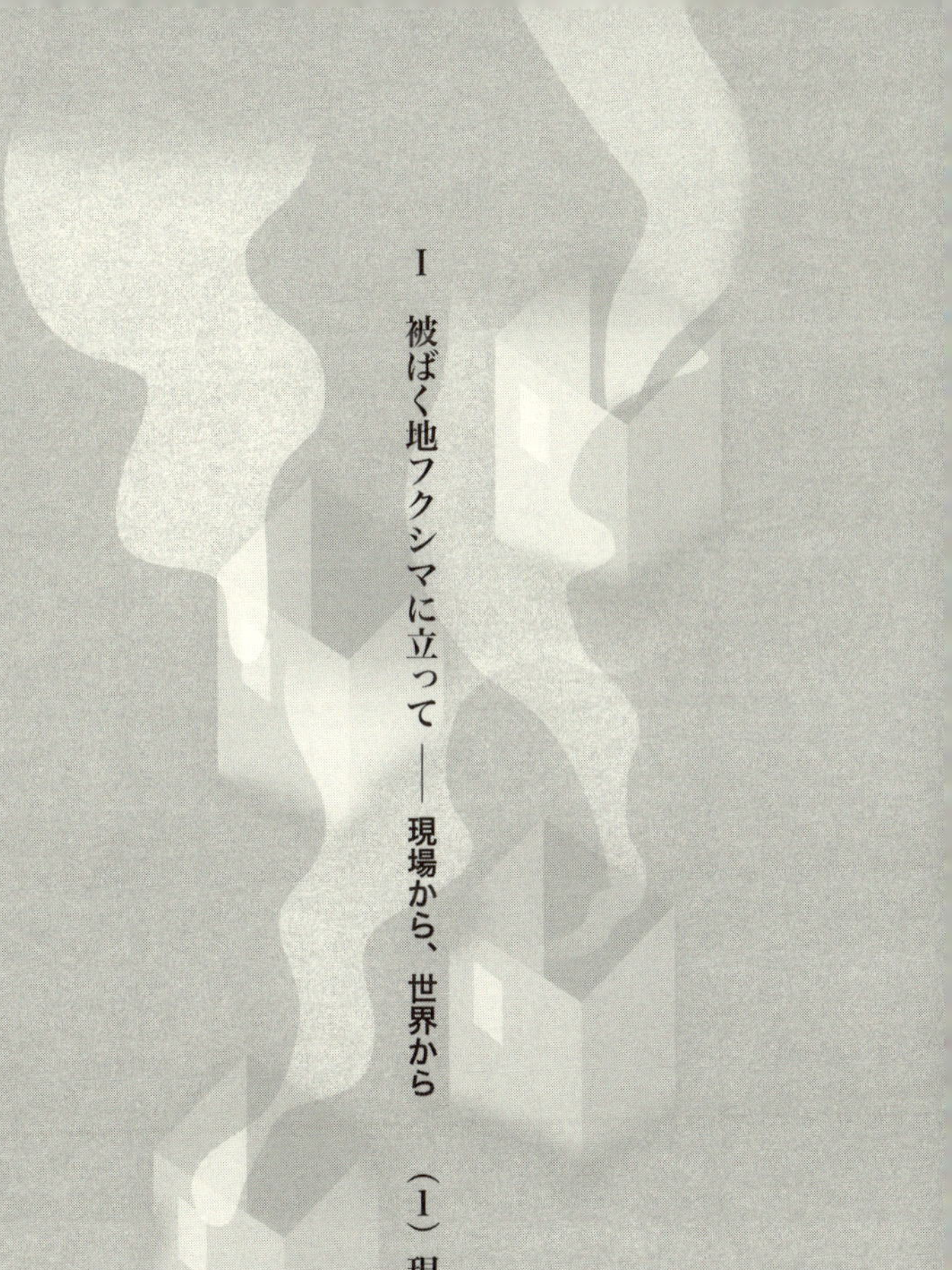

Ⅰ　被ばく地フクシマに立って――現場から、世界から

（1）現場から

被災地・被ばく地概況と放射能被害を最小化するための取り組み

私は、仙台キリスト教連合の支援部門である「東北ヘルプ」という団体で、事務局長のお役を頂戴しています。

仙台キリスト教連合は、1980年代に日本基督教団東北教区仙塩地区牧師会が仙台と塩釜にある諸教会との交わりを求めて生まれた、と記録されています。そして1989年、転機が訪れます。その年、昭和天皇が亡くなるという事態に至り、日本中が冷たい緊張感にあふれました。まだ戦時中のことをよく知る人々が、まだ多くお元気でいらっしゃった頃のこと。キリスト者は皆、「非国民」と呼ばれた記憶を、痛みと共に思い出し、「何か声明を出さなければ」という機運が高まりました。そのために、上述の拡大した牧師会に正式な名称が必要となり、「仙台キリスト教連合」という名称が定まりました。その名称には、牧師のみならず、YMCAやYWCAの代表者、あるいは大学教授等も参加する会としたいという気持ちが込められていました。

つまり、仙台キリスト教連合は、危機の中で結束したキリスト者が、世間に訴え出て行くために作られたものでした。

そして、同様のことが、２０１１年に起こりました。3月11日、東日本大震災が発生し、東北に住むすべての人々に巨大な危機が襲いかかりました。その惨事のさなか、２０１１年3月12日未明、仙台キリスト教連合の世話人であったアンドレイ・ラシャペル神父が、聖堂である元寺小路カトリック教会から無理を押して自身が司牧する塩釜カトリック教会へ向かうその道中、心臓発作によってその地上の生涯を終えられました。奇跡的に、その上着のポケットにパスポートが入っていたため、ラシャペル神父の葬儀は、震災翌週に行われることになります。多くの人が集ったその会場で、仙台キリスト教連合の世話人が話し合い、広くキリスト者に集合を呼びかけることとなりました。集合の日は、3月18日（金）と定められました。

3月18日の夜、実に多くのキリスト者が、日本基督教団東北教区センター・エマオに集合しました。そこには、国際支援団体の担当者も複数名参加していました。そして「仙台キリスト教連合被災支援ネットワーク・東北ヘルプ」という団体が立ち上げられ、募金と情報を集め・整理し・分配する「事務局」の設立が承認され、その担当者として、日本ナザレン教団仙台富沢教会の阿部頌栄牧師と私とが、任命されました。

それ以来、実に４年の月日が経とうとしています。信じられない思いです。なんと多くのことがあったことでしょうか。しかし、何とあっという間の日々であったことでしたでしょうか。

設立以来、私たちは、「現場」にいることこそ、自分たちの役割の中心であると、心を定めてきました。神さまが、何かを成そうとしておられます。それをよく見て、あかしをしよう。そう思って、できることをしてきました。だから、いつも、まず現場の要請からすべてを始めました。それを全国・全世界へとつなぎ、形にして私たちは次の現場に進む。そうやってきました。

たとえば、遺体となった方々とそれを悼む人々へのケアは、どうするのか。そういう問いかけから、仏教者をはじめとする諸宗教者との協働が始まります。その協働は日本基督教団や公益法人世界宗教者平和会議日本委員会をはじめとする諸団体の資金援助を得て、東北大学「実践宗教学」寄附講座へと展開し、独立して行きました。

また、外国人被災者へのケアはどうしたらよいのか。そういう問いかけから、宮城県内の外国人人権擁護に取り組むＮＰＯ法人「笑顔のお手伝い」と、東北学院大学の郭基煥《カクキファン》研究室、そして全国組織である「外国人住民基本法の制定を求める全国キリスト教連絡協議会（外キ協）」との協働が始まります。その協働が一定の成果を見て終了した後、外キ協は、同時並行してＹＷＣＡが中心となって福島県内で活動を展開していた外国人女性への支援と接続し「EIWAN Fukushima（福島移住女性支援ネットワーク）」の設立へと至ります。

あるいは、放射能の問題はどうすればよいのか。福島県内の諸教会から寄せられた問いかけに応えて、私たちは食品放射能計測所「いのり」を立ち上げました。それは今、日本基督教団放射能問題支援対策室「いずみ」と連携し、いよいよ新しい展開を見ようとしています。

私たち東北ヘルプは、上記のような活動を整理し、全国・全世界へとつなぐ作業を続けてきました。国内外の方々に、被災地・被ばく地の現状とその痛みを知っていただくこと。それが、私たちの一番大切な仕事と思っています。

以上の働きの中で、以下、特に「放射能災害の減災」について、私たちの働きについて述べていきます。まず、それはどのような立場から行っているのかについて説明し、続けてその立場から見えている現状を報告し、その現状にどのように対処しているかを述べて、本章を終えることといたします。

1　立場

(1) 宗教者として

私は、宗教者として支援活動を行っている団体の責任者です。「宗教者として」というのは、どういうことでしょうか。

「学者」は、真理を探究します。それは異論を歓迎し、論理的整合性を求めるものです。

「政治」は、分配を実行します。それは力を伴った調停を行い、紛争に決着をつけるものです。

「ビジネス」は、利益を求めます。それは損得を論じ、生存競争にいそしみます。

「メディア」は、情報を暴露します。それは混乱を恐れずに秘密のベールをはぎ取ります。

「法」は、正義を明らかにします。それは白黒を決定し、正邪を明らかにするものです。

では「宗教者」は、何をするのでしょうか。宗教は「信仰に基づき祝意を以て調和を生み出す」のだと思います。私はそういう「宗教者」として、以下、私たちが被災地の放射能減災について行っていることを報告します。

(2) キリスト者として

宗教者としての支援を、キリスト者として果たしたいと、私たちは願っています。

キリスト者には特別な力があると思います。それは、「密着と直結」という力です。

日本のキリスト者は小さな教会を作って地方に奉仕してきました。その働きは小さくとも誠実なものであり、長い時間をかけて地域の信頼を獲得してきました。キリスト者は地域に密着しています。

キリスト者は世界と直結しています。たとえば、私たちの団体・東北ヘルプのコンサルタントは、ヴィクター・シュウ氏です。彼は1970年代にソロモン諸島の核実験による被ばく者の救済のためにWCCの担当者として働いた人でした。

つまり、私たちは、地域に密着し、世俗世界の痛みに寄り添い、世界に直結し、万国の祈りを糧として、支援を行っているのです。

(3)「困っている素人」として

放射能問題を巡って、今、学者は三つのタイプに分かれます。

第一のタイプの学者は、所謂「専門家」です。この方々は、しばしば「原子力ムラ」と揶揄され、批判されています。そして今、放射能の専門家の多くがIAEAを中心とした国際核関連軍産複合体と一体化していることが指摘されています。その一体化は、福島第一原発事故の後、顕著に強まったように見えます。但し、過剰な批判を自戒したいと思います。誰でも、それぞれの立場に応じた「限界」があるはずです。原子力関係の専門家だけに「公正中立」を厳格に求めることには、無理があるようにも思われます。ただ、私たち一般人が、いわゆる「リテラシー」をもって、この「専門家」の皆さんのご意見に真摯に学ぶことが必要なのだと思います。

第二のタイプの学者は、「困っている素人」です。この人々は学者であっても放射能については素人であり、不安を覚えています。その不安を解消するために、この人々は誠実に学んだ。そして3年半が経過した今、この人々は、これまでに「わかっていること」を整理し、安全に過ごすための判断をしようとしています。一つの問題は、これまでに「わからなかったこと」を無視しがちな点にあります。その結果、この人々は、今、第一類型の学者に近づいています。それは、危険なことかもしれません。

第三のタイプの学者は、「反原発」の人々です。この人々は市民派の科学者として長く迫害に耐えてきました。福島第一原発の後、多くの市民がこの学者への尊敬を深めました。しかし今、この人々は別の危機に曝されています。それは分裂の危機です。社会はすぐには変化しません。その中で、この人々は攻撃的になりがちになり、内部分裂の傾向を強めています。

まとめてみますと、次の様のようになるかと思います。

	第一類型	第二類型	第三類型
呼称	「専門家」	素人	「反原発」
批判	原子力ムラ	分からないことを無視しがち	分裂傾向

私は、一人の神学者（つまり、放射能については素人）である支援者として、第二の立場を堅持したいと思います。その上で、迂闊に安全と語ってしまわないように、第三の立場の方々の批判に学び続け、分からないものを無視しない態度を保ちたいと思います。不用意に不安を煽ることなく、確実な支援を行うために、第一の立場の方々の成果に学ぼうと思います。

2　現状

以上、私たちの立場をご説明しました。宗教者として、「素人」の立場で、私たちは放射能被害に悩む人々への支援活動を続けてきました。この三年間の支援活動の中で、問題の焦点が絞られてきたような気がしています。その焦点を、三点にまとめてみます。

（1）人工放射性物質

福島第一原発事故の最大の問題は、人工放射性物質にあります。

マンハッタン計画から今日まで、70年程度しか経っていません。私たちは人工放射性物質についで、特にその人体への影響については、まだ何も知らないのではないかと思われます。

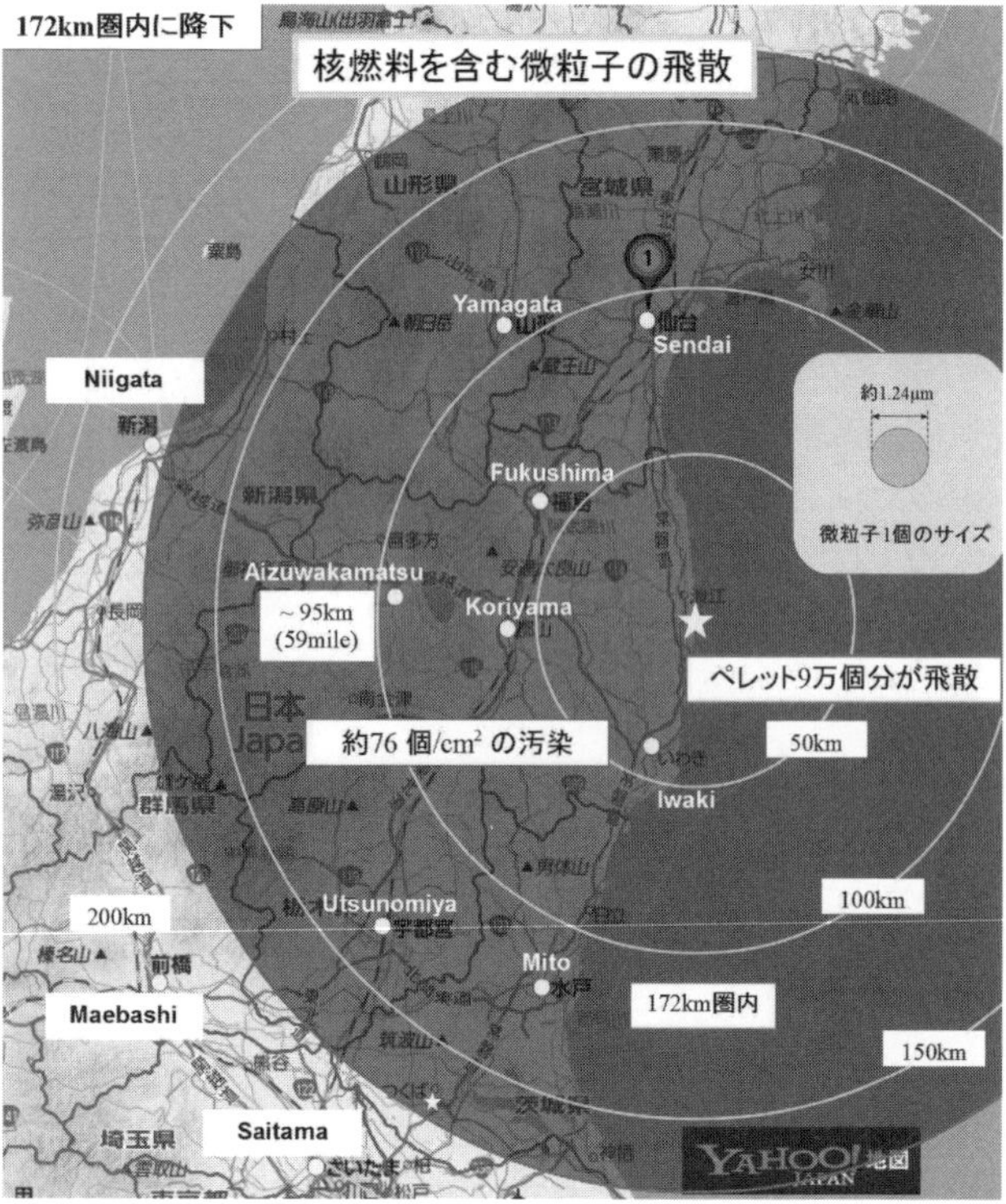

172km 圏内汚染地図

２０１４年８月にＮＨＫが行った報道によると、茨城県内で、ガラス状となったウランが見つかりました。[1]「セシウム・ボール」と名付けられたこの人工放射性物質が所謂「ホットパーティクル（核の蚤 hot particle)」と呼ばれたものである可能性は極めて高いようです。つまり、核燃料がその周辺の金属と共に融解し、蒸発し、ガラス状に固化して、上昇気流に乗って放出されたのではないか、ということです。2013年に発表された論文によりますと、[2]それは所謂「PM2.5」の大きさであり（通常のマスクを透過し）、α線およびβ線を放射し（ガイガーカウンターでは捕捉できず）、水に溶けない（何度でも舞い上がり吹き溜まる）。報道の情報源が発表した論文によりますと、[3]この物質は、現場から172キロ離れたところで見つかったとのこと。仮に、事故現場から172キロ圏内にこの物質が均等に飛散したと計算すると、1平方センチメートル当たり平均76個程度は最低、この人工放射性物質が地表にあるかもしれない（事故当時、福島原発一号機だけの燃料のうちの1パーセントがホットパーティクル化したと計算した場合）。さて、それを人が吸入した場合、いったいどうなるのでしょうか。

興味深い資料があります。公益社団法人 日本アイソトープ協会は、「放射性物質による内部被ばくについて」と題する論文を、2011年9月以来、ホームページ上に公開しています。[4]その論文は、次頁の「図3」を載せて、以下のように記しています。

図3は、ある数の細胞に一様に放射線が当たる場合と、微粒子を中心に放射線が当たる場合を示すもので、たしかに近傍で線量は極めて高くなる可能性がある。その一方で、遠距離では放射線が当たらない細胞もある。しかしながら、現行の直線閾値なし仮説では、発がんリスクは、

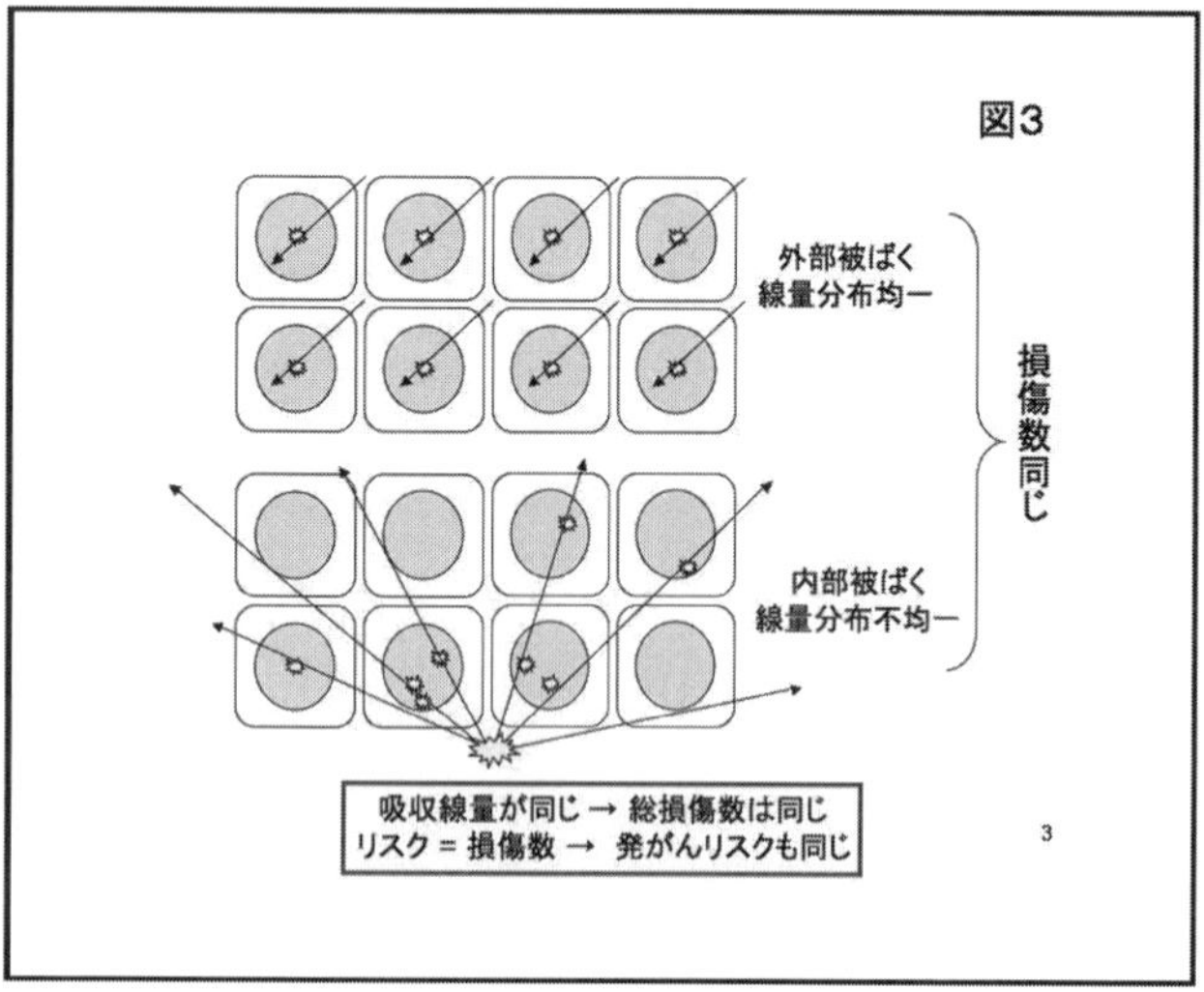

図３　ホットパーティクル

線量・損傷の数の一次関数であるところから、微粒状の内部被ばくのリスクは、同じ組織線量を与える外部被ばくと同様であると評価しうる。さらに極めて高い線量をうける微粒子近傍の細胞は、癌化よりも細胞死の経路をたどるため、全体のリスクは低くなると考えるのが順当であろう。

厳密な査読制度をもつ科学雑誌において、ホットパーティクル仮説が論文として発表された例はない。それは一重にこの仮説が厳密な検証に耐え得ないためである。(5)

この記述は興味深いものです。まず、この著者は（「年間一ミリ」であれ何であれ）放射線の危険性に「閾値《いきち》」（特定の作用因子が，生物体に対しある反応を引き起こすのに必要な最小あるいは最大の値。限界値または臨界値ともいう。）はないことを前提としています。その上で、人工放射性物質「近傍《きんぼう》」の細胞は破壊されるので「癌にならない」から「だいじょうぶ」だと、この論文は語っているように読めます。そして、この問題は「そもそも空想・妄想に過ぎない」と断じているようです。「専門家」の作品として、これは極めて興味深い論文です。

現実にはどうでしょうか。まず、この問題は、２０１４年8月に、物証が確認されて現実となりました。つまり、上記論文に基づけば、体内の細胞を直接大量に破壊する人工放射性物質が拡散している、ということになります。その破壊は、細胞が癌化することすら許さないほど強力です。それが鼻に入れば、鼻の粘膜が傷つくでしょう。それが肺に入れば、肺の細胞が破壊されます。目に入れば、角膜や視神経に支障がでるかもしれません。実際、福島県立医科大学の報告によりますと、50を超える疾患の件数が、２０１０年から２０１２年の間に、右肩上がりに１５０％以上増加しています[6]。

これで、放射能災害の現実が、やっと、見えてきた気がします。つまり、それはまず二種類の被ばくに分けられます。第一は、「外部被ばく」であり、第二は「内部被ばく」です。

第一の「外部被ばく」は、除染によって（ともかくも）対応が進められています。

第二の「内部被ばく」は、三つに分けられます。

（1）放射性ヨウ素による甲状腺癌と、
（2）飲食による吸収が結果する将来のリスクと、
（3）ホットパーティクルあるいは「セシウムボール」が招致する〝いま・ここ〟の危険です。

それはつまり、病原菌やウィルスと同様、人間の細胞を直接破壊する可能性があります。そうしたものが、おそらく相当程度の量で、まき散らされた。そのことが分かったのが、2014年8月だったのです。このことが分かった時点で「内部被ばく」を巡る私たちの認識は、まったく改めなければならなくなったと思います。

（2）小児甲状腺癌

さて、異常な数の小児甲状腺癌について、ここでおさらいしてみましょう。通常「100万人に5人」程度と語り伝えられるこの病いが異常な数で発生していることは、岡山大学の津田敏秀氏の強調するところとして知られています。福島県のホームページに、その詳細は公開されています。その数値の中で、現場に住む者として注目すべきことがあります。それは、会津若松市の数値です。原発から100キロ離れた会津若松市で、約15、000人に5人の小児甲状腺癌が見つかったと、報告されているのです。これは、同じ100キロの位地にあります「100万都市」

仙台にとって、とりわけそこに住む約150、000人の未成年者にとって、重要な数字に思われてなりません。しかし、私が住む仙台では、ほとんどの人々が「放射能は福島の問題」と思って暮らしています。つまり、福島県全体の人口（約200万人）の半分にあたるほどの膨大な人数の人々が、放射能の問題を「他人ごと」と思っている。そこに潜むある種の「差別」に心を痛めます。その意識は、油断そのものとなっています。実際、宮城県では、山野草が「普通に」食卓に供されています（私も何度も〝ごちそう〟になりました）。その帰結に、ときどき背筋が冷える思いを覚えます。

さらに気になるのは、福島県内で発生した小児甲状腺癌の治療についてでしょう。複数の医療者の確言したところによりますと、通常、小児・大人を問わず、甲状腺癌は進行が遅い。しかし、約100名の「小児甲状腺癌およびその疑い事例」のうち、その大多数が、既に切開手術を施されました。通常の甲状腺癌への治療としてはあり得ない数であるとのことで、仮説としては、(1)犯罪的な何かが行われたのか、(2)巨大な医療過誤が起こったのか、(3)通常の甲状腺癌とは違う癌が発生しているのか、どれかだろうと想像されます。これは「素人」の直観に過ぎないのか。不気味です。

（3）チェルノブイリ

ここで、チェルノブイリ事故の歴史は、私たちにヒントを知らせてくれます。それは、国家崩壊の可能性です。

1986年にチェルノブイリ事故が起こり、1990年に国際会議が開催されて惨状が知らされ、バルト三国の独立運動を経て、1991年にソヴィエト連邦は崩壊してしまいました。2006年、チェルノブイリ事故を覚えて行われた特別インタビューに応じたソビエト連邦元大統領ミハイル・ゴルバチョフ氏は、ソ連の崩壊の原因をチェルノブイリ事故に帰しています。

1986年から1990年までの三年間、国際機関とソヴィエト連邦は結託し、情報を隠蔽して「問題なし」と報告し続けていたことが、2014年10月14日、15日に早稲田大学で開催された国際シンポジウム「原発災害と人権——法学と医学の協働」で報告されました。しかし、その背景で、数万の兵士（つまり、死ぬこともいとわない、とされる人々）が動員され原子力発電所自体がコンクリートで封印されていたことも、そこで報告されました。翻って、日本はどうしているのでしょうか。フクシマ事故の現状は、かつてのチェルノブイリ事故以上に、危機的なのではないか……そんなことを考えさせられます。

事故発生から1990年までの三年間、ソヴィエトは西方のバルト三国が独立運動を始めることに悩まされました。その運動の激化に対して厳しい姿勢を取るためにも、チェルノブイリの被害者を放置することができなくなりましたから、1990年9月に「第一回チェルノブイリ事故の生物学的、放射線医学的観点にかかる国際会議」を開催したのでした。それを契機として、日本からは笹川財団がソヴィエトを支援するという「画期的」な事業も行われました。(7)今、とても有名人となった山下俊一氏などは、この事業において英雄的な活躍を示したことでも知られています。

フクシマ事故が発生した後の2012年に「日本でも似た動きが見受けられる」とTBSラジオで指摘した人がいます。佐藤優氏です。もうずいぶん前から、沖縄県内では、小中学校において琉球史と琉球語（とでも呼ぶべきもの）を教えています。それを推進した中心人物が、翁長雄志《おながたけし》那覇市長でした。この翁長氏が圧倒的支持を受けて沖縄県知事に当選しましたが、日本政府は彼を「これ見よがし」に冷遇しました。この間の流れは、佐藤氏が指摘した通りになっているように見えます。

その間、国家は統制を強めてきました。それと裏腹に、人々は、とりわけ福島県内の人々は、国家に権威を感じなくなっています。人々は株式会社東京電力を様々な感情を込めて見詰めていますが、日本国政府を忘れています。その白けた無関心は、総選挙や県知事選挙の投票率に、端的に表れました。

私は、こうした流れをフクシマで見て思います。「亡国」という事態は、こうして進行するのだ、と。つまり、福島第一原発事故を巡る問題は、「日本」と呼ばれている国家の存亡を論ずるような社会問題としても、捉えなければならないものとなっているのです。この「亡国」の流れがどこで止まるのか、あるいは行き着くところまで行ってしまうのか。それを私たちは茫然と見ている、それが、福島原発を巡る現状です。

4　課題

(1) 三つの矛盾

以上のような状況の下、放射能被害を蒙った地域で、人々は三つの矛盾に苦しんでいます。

一つ目は、「対立と連帯」です。対立によって連帯が生まれ、連帯を維持するために対立が求められ、対立が連鎖して内部分裂に至っています。例えば、ごく普通の人々は、福島県と周辺の地域を対置することで、福島県以外のすべての地域は安全だと、安心しています。ここには差別が生まれています。

「Fukushima Happy」の画像

二つ目は「自立と孤立」です。力のある人から自立して行き、力のない人は残されます。自立によって孤立が生まれています。

三つ目は「健康と生活」です。放射能から「いのち」を守りたい。健康を完全に守ろうとすると、生活が成り立ちません。生活の質を豊かに保とうとすると、健康に不安が昂じます。

そうした中で、今、私が支援している人々は「逃げたい、けれど逃げられない、だからせめて……」という気持ちになっています。

その気持ちをよく表したビデオがあります。「Fukushima Happy」と題されたもので、インターネット動画サイトyoutubeで公開されています。福島市長、福島駅長、そして子どもも老人も、皆が福島県内で楽しく暮らしている様子を見せているビデオです。そこには、矛盾の中にある現実がよく表れていると思います。

(2) 支援の方針

そうした矛盾の中に生きる人々をどう支援すればよいのでしょうか。

私たちは、支援の方針を「情報伝達」ではなく「意思疎通」を通して「後悔を防ぐ」としています。支援の基本は、傾聴とコミュニケーションです。その際、まず最初に、情報を伝達することではなく、意思を疎通させることを目指します。後述する通り、情報伝達は極めて重要ですが、しかし、それは意志疎通の後でなければなりません。この順番を守ることが重要です。そうしなければ、支配することはできても支援することができないからです。その支援は、将来の後悔を最小化することを目指します。

(3) 具体的支援

そこで、私たちは、三つのことに挑戦しています。

第一は、逃げられない人々の健康を守ることです。

第二は、逃げようとする人々を支援することです。もはや、「ホットパーティクル」あるいは「セシウムボール」の現実がはっきりしたのです。細胞を直接破壊するこれらの人工放射性物質は、原発事故現場から離れれば離れるほど、空気中における濃度を薄めるはずです。一メートルでもいい、一分でもいいから、現場から少しでも離れることが、取り敢えず当面の間は、必要でしょう。

第三は、世界中の被ばく者の連帯を構築し、アドボカシー（advocacy「政策提言」や「権利擁護」、社会問題に対処するために政府や自治体及びそれに準ずる機関に影響をもたらし、公共政策の形成及び変容を促すことを目的とした活動）を行うことです。

以上の支援のために、三つの取り組みを行っています。

第一は、放射能計測所を維持運営し、他の団体の計測所とネットワークを作りつつ、放射能被ばくから体を守る食事作りのヒントをお伝えしています。

第二は、約60名の子どもの健康を案じている親御さんと面談し、数日間でも汚染の軽微なところへ保養に出ることができるよう支援を行っています。

第三は、長崎・韓国・台湾・太平洋の島々と情報を交換し、これまで声にならなかった世界中の被ばく者の声を国際社会に響かせる努力をしています。特に第一のことについて、具体的に記してみます。

もはや、「ホットパーティクル」あるいは「セシウムボール」の現実がはっきりしたのです。細胞を直接破壊するこれらの人工放射性物質には、白血球もリンパ液も無力です。ただ、放射線によって傷ついた細胞を、早く取り換えればいい。新陳代謝が基本となるでしょう。だから、食事と運

2011年9月　日本バプテスト連盟郡山コスモス通りキリスト教会にて

動が重要になります。

結局「放射能」には「農薬」「遺伝子組み換え」「添加物」と同様の問題が付きまといます。「気にしすぎる」「〝風評〟被害だ」といった抗議や異議申し立ての問題です。その問題の対応は、政治的なことがらを別にすれば、一つしかありません。つまり、私たち個人のレベルでは、「自己責任」ということに尽きます（残念ながら！）。そのためには、情報が必要となります。個々人が判断するための十分な情報があれば、責任を持って子どもに食事を用意できます。あるいは、運動をさせることができます。

そう考えると、私たちが作成したブックレット『食卓から考える放射能のこと――チェルノブイリから受け継ぐべき知恵』（いのちのことば社、２０１３年）は、一つの手がかりになりかもしれません。この書物は、放射能被害を最小化するためのレシピ集となっています。レシピを考案した栄養士の方（大富キリスト教会信徒・仙台放射能計測所「いのり」職員）に、もっとも大事なことは何かと尋ねると、以下のように応答がありました。

まずなにより、代謝を高めることが望ましいとのこと（プルトニウム、ウランの排泄、代謝は難しい）。さらに、間違えて放射性物質を取り込んだとしても、代謝のみならず抗酸化機能や免疫機能が健康的に機能するように、食生活に配慮し、できるだけ運動をして筋肉をつけること。つまり、間違えて放射性物質（ＰＭ2.5の大きさのガラス状のウラン！）を体内に取り込んだとしても、それを外に出してしまうことです。

具体的に考えてみましょう。

食事のことでいえば、代謝は、「体内のアルカリ化」が有効です。人間の体は、外側が「弱酸性」、内側が「アルカリ性」であり、この差を使って代謝が進みます。外側を整えることは、実は難しいのだけれど、内側については、食生活を整えることで、はっきりと効果が確認できる程度、変化させることができます。たとえば、酢の物を毎食意識して摂ること。そうした小さな積み重ねが、体質を整え、放射性物質に限らず「有害物質」を代謝する力になります。

こうしたことを、仙台食品放射能計測所「いのり」は、定期的にEメールで無料配信してきました。

5 展望

(1) Nuclear Arsenal と向き合って

WCCは、2014年夏、私たちの意見を聴き、声明文「核から解放された世界へ」を採択しました。その内容は、原発と原爆とが一体であることを確認し、被ばく者に聴くことで自分たちを核の束縛から解放しようとするものです。

私たちは、今、核を巡る軍産複合体と向き合っているのだと思います。それは途方もないことだと思います。その中で、私たちは何ができるでしょうか。

(2) No Nukes ではなく Nuclear Free を

まず、私たちは、目指すべき世界を正しく言葉にすべきだと思います。私は No Nukes では足りないと思います。そうではなくて、Nuclear Free と言うべきです。この言葉は、聖書の出エジプトの物語を背景としています。奴隷が解放されるように、私たちは核から解放されなければなりません。

ここで、米国の奴隷解放運動の歴史を参照することは、意味あることだと思います。19世紀以来、教会は米国の黒人解放運動の中に何人もの「モーセ」を見出してきました。M・L・キングJr.やハリエット・タブマンといった人々のことです。この人々は、モーセのように、何度も苦しむ現場に立ち戻り、人々を助け出すために具体的に行動したのです。今、放射能被ばくに脅かされるいのちを助け出そうと、同じような人々が生まれてきています。

2014年の9月、京都で、福島から避難したSさんという方にお会いしました。この方は、最も汚染のひどかった福島市渡利地区で被災した後すぐ、子どもを守りたいと願う母親の会を結成し、自分たちで汚染マップを作って行政と掛け合うも、行政は動かず、時間が過ぎるにつれて仲間たちが一人一人と避難をしてゆき、一人取り残されて行きました。Sさんはクリスチャンでした。

ある日、遠方に住むクリスチャンの仲間から、こんな電話をもらったそうです。「あなた、早く逃げなさい！　福島はね、ソドムとゴモラと同じよ！　もう滅びるしかないのよ！」――彼女は、その言葉に深く傷つきます。ある日、仙台から福島市へ戻る自動車で、その電話の声を思い出していた時、車窓越しに福島市の夜景が見えたそうです。それはとても輝いていた。それを見た時、ふと、声が聞こえた気がしたそうです。

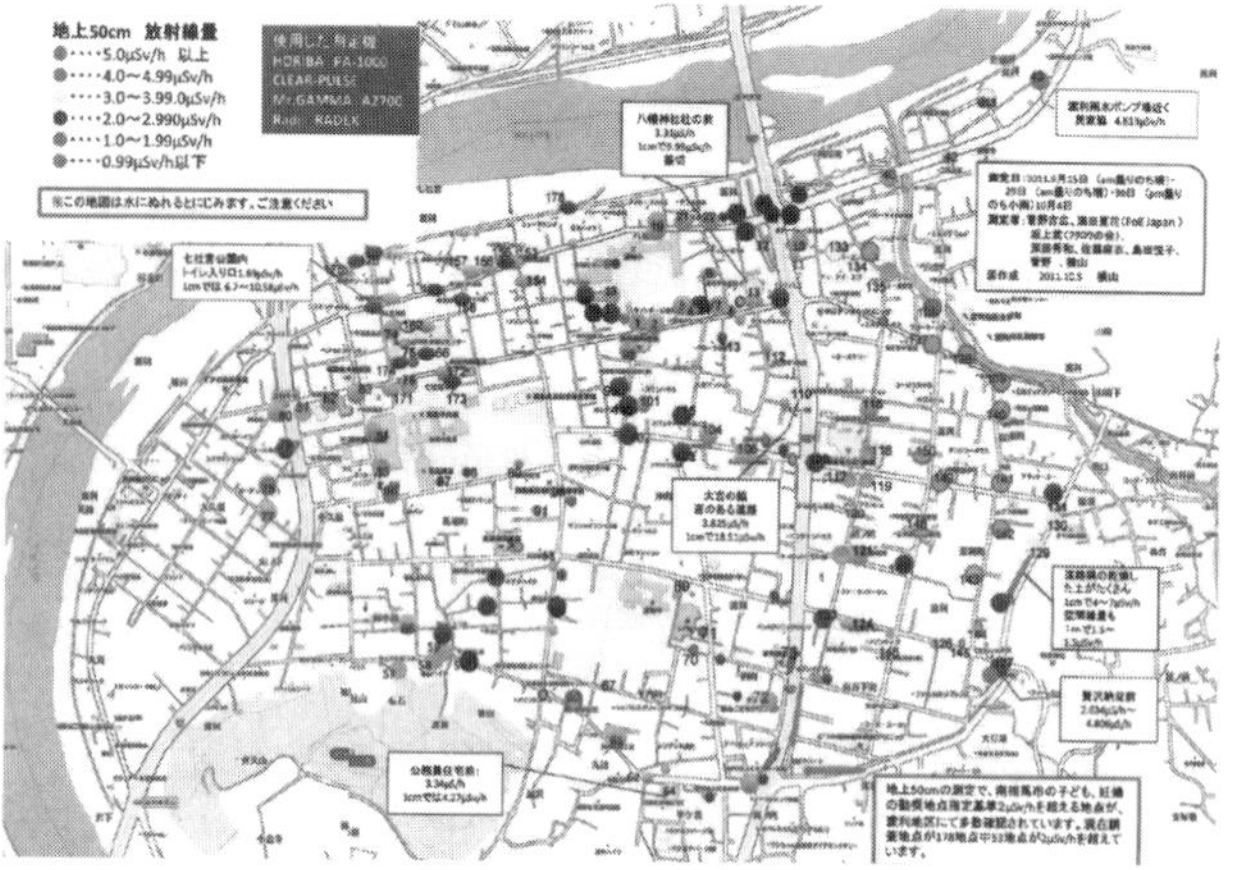

2011年9月の福島市亘理地区の汚染マップ

「この美しいものを、私が滅ぼすと思うか。私は、決して、これを滅ぼさない……」

その声は、Sさんにとって、神様の声と思われました。その後、Sさんは心を決めます。まず、自分も2012年に小学生の子どもを連れて京都へ避難しました。そして2014年秋、京都で私と会ってくださったSさんは、はっきりと、「子どもが大きくなったら、福島市に戻る」と言いました。「そこで苦しんでいる人々の助けになりたい」と、そう言っていたのです。私たち東北ヘルプは、そうした志の一つ一つに寄り添い、伴走し、ご一緒にこれから起こってくる「神さまの業」を見てみたい。そう思わされたことでした。

注

（1）http://www3.nhk.or.jp/news/genpatsu-fukushima/20140809/1010_hisan.html
（2）http://www.nature.com/srep/2013/130830/srep02554/full/srep02554.html?message-global=remove
（3）http://www.spring8.or.jp/ja/news_publications/press_release/2014/140808_3/
（4）http://www.jrias.or.jp/disaster/info.html
（5）「放射性物質による内部被ばくについて―ICRP（国際放射線防護委員会）国内メンバー」7〜8頁。
（6）http://matome.naver.jp/odai/2141784470400989501
（7）報告書「笹川チェルノブイリ医療協力事業を振り返って」
http://www.smhf.or.jp/data01/chernobyl.pdf

2014年3月の黙想――復興・被ばくと祈りの力　その1

また、3月11日が近づいてきます。今度は4度目の「3・11」です。

「三年後」は遙《はる》か先に思えました。でも、もう、3年が経とうとしています。復興は進んでいます。破壊の規模が大きかったので、遅遅として見えますが、復興しています。しかし、だから、分断と諍いが起こってきています。取り残される人がいて、孤立感と不安が人々を苛んでいます。高齢者は、元の街並みに憧れ「もとに戻すぞ」と意気盛んです。でも若者は、「冗談じゃない」と憤っています。あの「津波に飲み込まれた町」に戻って住み続けろと言うのか、と。そうした諍《いさか》いと分断の中に「復興バブル」があり、そして全てを失ったままに捨て置かれる人がいます。

加えて、放射被ばくの不透明な現実が広がっています。被ばくしても、健康被害は「3年間」顕在化しないから「大丈夫だ」と、語られています。その言葉は魔法のように、私たちを安心させてくれました。しかし、その魔法はもう切れます。3年が経つのですから。

私たちクリスチャンは、この3年間、「教会にできることがある」ということを知らされ、驚かされ続けてきました。多くの地域で、「キリストさん」と親しみを込めた呼び声がかかり、感謝の言葉をいただき続けました。これは驚くべきことでした。さて、今、どうでしょう。落ち着いて、これからも「教会にできることがある」のか、考えています。そのために、どうして「教会にできることがあった」のか、考えてみます。

東北の教会は、本当に小さいのです。仙台にあるいくつかの例外を除けば、本当に、教会は小さい。そして高齢化しています（それは大きな教会も同様です）。しかし、教会は被災し痛んだ地域に仕え、福音を伝え、人々の魂に希望の灯をともし続けた。不思議です。

端的に、教会の力は、祈りなのだと気づかされます。祈るとき、私たちは活動を止めます。おしゃべりをやめ、読書をやめ、静まって神さまに語りかける。そうして聞こえる友の祈りのうちに、その魂の呻きを聞き取る。そして、神さまがその呻きに心動かされる気配を、感じるのです。

「何もしない」ことで、世界が動き出す。それが祈りの不思議です。

私たち仙台の教会は、仙台キリスト教連合を器として、世界と直結し、被災地に密着しました。仙台キリスト教連合とは何か。すでに40年近い歩みの中で、私たちは一つの結論に到達しています。それは、「祈る集まり」であるということです。たとえば「仙台朝祷会」は、いつも、仙台キリスト教連合の中核でした。今もそうです。そこに、「教会にできること」が育まれる。日本中で、きっと、同じ力が静かに育まれていることでしょう。その力が、近くまた、必要となる日がある予感を覚えながら、今日も祈りたいと思います。

２０１４年7月の黙想 ―― 復興・被ばくと祈りの力　その2

あれから、数か月が過ぎました。今、被災地・被ばく地はどうなっているのでしょう。阪神淡路・中越能登の震災で確認されたことがあります。それは、「5年目が一番つらい」ということです。復興が進むにつれて、被災地への関心の風化が進み、取り残される人々の痛みが昂進する。そのピークが、「5年目」だそうです。確かに、そのピークに向けて進んでいる気がします。仙台でも復興公営住宅の造成・入居が本格化しています。仮設住宅が終わる、そのことが、現実味を持ち始めています。被災が終わる。そして、取り残される人々が不安に苛まれています。復興を目指した土木作業の喧騒の中で、その人々の呻吟はかき消されています。それは、隠された痛みなのです。

それに加えて、被ばくの問題が、不気味さを増しています。福島の県境の内・外で、まったく別世界が広がっています。福島県内では、今でも膨大な数の方々が、被ばくを防ぐべく腐心しています。しかし、宮城・栃木・茨木・岩手・千葉・埼玉・東京では、そうした意識は極めて稀です。放射性物質による汚染は県境をやすやすと越えて広がっているはずなのに！　です。

本年3月12日、韓国・ニュージーランド・タヒチ・ドイツの人々と小さな国際会議がありました。日本バプテスト連盟 南光台キリスト教会を会場とした、夜の祈祷会に続いて行われたものでした。そこに、ドイツ放射線防護協会長のプフルークバイル氏が、参加してくださいました。同氏は関東および東北の各地を視察した最後の夜でした。その顔に「沈痛」の色を隠さず・隠せず、という様子でした。同氏はドイツで記者会見を行い、「一般の人々」が進んで現実を無視しようとしている日本の様子にショックを覚えたと、語りました。

政府を倒せば、この問題は解決するのか。アメリカが悪いのか。グローバル経済が、資本主義が悪いのか――さまざまな議論が飛び交っています。しかし、福島とその周辺を巡り歩き、そこで供される食事をいただきながら、私は確信します。「誰か」を打倒しても、問題は何も解決しない。だから、目に見えない不安が、密やかにささやいているように感じられてなりません――「無視しよう、忘れよう、先送りしよう」と。でも、そうやって原発の問題は膨れ上がり、そして破裂したのではなかったか。そして爆発事故の後、膨大な汚染と手つかずの現場を残して、また同じ轍を、私たちは踏もうとしている。

今、新約聖書の「マタイによる福音書」6章6節が新鮮に響きます。

「あなたは祈る時、自分の部屋にはいり、戸を閉じて、隠れた所においでになるあなたの父に祈りなさい。するとき、隠れた事を見ておられるあなたの父は、報いてくださるであろう。」

隠れた事柄は、神さまの前に明らかです。私たちは、今こそ、祈りを必要としています。すべてをご存じの神に、お答えいただくために。

喧騒にかき消される呻吟、不気味に静まり返った被ばく地。今、全国の祈りを求めたく思います。

全国・全世界のみなさん。祈りの手を、どうぞ、お上げください。

２０１４年12月の黙想——復興・被ばくと祈りの力　その3

２０１４年10月４日、福島市で、福島医学会がシンポジウムを開催しました。原発の影響は「ともかく」として、「脳卒中や心筋梗塞など循環器疾患の増加が懸念される。死亡データだけでなく、発症数を調べないといけない」と、そこでは発表されています。また、東京でも、ある有名な大病院の血液内科の入院数が、２０１１年からの3年間で1・5倍になっていることが発表されています。岩手県南部でも、土壌の放射能を測ると、ソ連時代のチェルノブイリでは「避難」を検討すべきとされる数値が、日常的に見つかっています。そして、２０１４年3月、東京都葛飾区は、区内２１５か所の小学校を除染しました。考えてみれば、東京電力福島第一原子力発電所の爆発事故直後、広島・長崎に投下された原爆の１５０倍程度の放射性セシウムが放出されたこと、それと共に、ウランもまた、ＰＭ2.5の大きさのガラス状の人工放射性物質となって舞い上がり、当然遠隔へ飛散したこと、そして、その後の海洋汚染などはチェルノブイリの汚染を超えたこと、また、事故現場のがれき撤去の際すさまじい量の汚染物質が飛散したこと、などが次々と、公的に発表・報道されていることに、気が付きます。

実際、以上の情報の多くは、この半年（2014年6月から12月）の間に発表・確認されたものでした。その間に、人々の生活は続き、空気が変化して行きます。「逃げたいけれど、逃げられない、だからせめて、幸せに」という人情は、ある種の空気を生み出すのです。それは、「もう黙っていてくれ」という圧力になって、人々の口を封じるものとなる。それは「復興」の裏面にある現実です。

それは宮城県でも起こっています。新潟県から宮城県に転居された方が、私たちの放射能計測所においでになりました。新潟では普通に語り合い・防御してきた放射能について、宮城に来て以来、一切語れなくなり、心配することも「おかしい」と言われ、そして、精神の異常を疑われ、病院に通うようになった。それでこの方は、「自分はおかしいのか」と、私たちに相談をしてくださったのでした。

「鈍麻して行く」ということの、被災地全域への拡散。その中で、「実は……」という報道がなされて行く。それが、今の「フクシマ」だと思います。

この中で、いったい神さまは何をしているのかと、心が乱れます。そして、聖書の言葉が思い浮かぶのです。

「なぜうなだれるのか、わたしの魂よ
なぜ呻くのか。
神を待ち望め。
わたしはなお、告白しよう
『御顔こそ、わたしの救い』と。
わたしの神よ。」

（詩編42編6、7節）

今日も、教会は祈り続けています。いのちの主は、今ここに働いておられると信じて。
どうぞ、祈りの加勢を、と、切に願ってやみません。

２０１５年３月の黙想――復興・被ばくと祈りの力　その4

日本でよく読まれた神学書にThe Soul of Prayerがあります。フォーサイスという英国の神学者が、第一次世界大戦の悲しみの中で執筆したもので、「祈祷の精神」あるいは「祈りのこころ」と題されて、３度も翻訳を改めて、日本で出版されました。その中に、「粘り強い祈り」という章があります。祈りは、粘り強いものでなければならない。本当に、そう思います。

ついに「5年目」を迎えようとする今、ここに今回は、二つのことを記します。

一つは、２０１５年２月初旬に行われた韓国での出来事です。２０１４年７月、ＷＣＣが、出エジプトのビジョンを以て「核から解放された世界」を目指す、という声明文を発表しました。その具体的な方策を議論するために、韓国基督教会協議会が台湾と日本に国際会議の開催を呼びかけ、私たちもご招待を受けて参加したのでした。そこで、台湾の「脱原発」運動の報告がありました。台北駅前の大通りを埋め尽くすデモの人々。その写真の中に「No More Fukushima」のプラカードが目立ちました。その会議の最後、台湾の方が真面目な顔で私たちに尋ねました。「もう、フクシマは収束したのでしょう?」

実際はどうでしょうか。２０１０年から２０１２年までの間に福島県立医科大学では50種類以上の重篤な病の治療実施件数が右肩上がりで１５０％以上増えていたと、最近発表されました。小児甲状腺癌を患った１００名余の子どもたちの半数以上が２０１４年までに癌の摘出手術を必要としたことも報告されています。「フクシマは、収束していない」。そのことを台湾の人々に直接伝えられたことは、幸いなことでした。

現場を知らずに、その現場を切り取って語る時、その言葉は単なる政治的な道具となる。そうして、現場の人々の心は深く傷つく。政治の言葉の限界が、そこに見えた気がしました。逆に、祈りの言葉の可能性も、そこに見られる気がしました。

もう一つの出来事を思い出します。２０１５年2月12日、私は宮城県の南三陸町にいました。復興公営住宅造成のために高台を削り取る槌音が響く傍に、公民館がありました。そこに、被災地の女性五名が集まってくださいました。２０１３年以来、毛糸の編み物を制作して頂き私たちが販売する「ハートニット」という事業をご一緒にしてきた現場です。事務的な調整が終わった後、お茶を飲みながら、お一人の方がしみじみと語り出しました。「今日、会議があると聞いて、遂に支援の終了の時が来たのだと覚悟してきたんです。そうでなくて、ほっとしました」――その目には、涙が浮かんでいました。

時間の経過と共に「風化」は現実のものとなりました。東北だけが「被災地」ではなくなりました。災害だけではなく、戦争と暴力の嵐も吹き荒れています。自分たちだけが、特別扱いを頂くことはできない。私たちは皆、心のどこかで覚悟を持っています。

フォーサイスは、上述の書物の中で不思議な言葉を残していました。

「決断の谷は、祈りの山の頂点にある」と。

東北の現場も、いつか、世間一般の苦労の一つとなるべきなのでしょう。実際すでに、多くの支援団体が、撤退を決定されました。その決断の背後に、祈りがあったことを信じています。ですから、今回、粘り強く祈ろうと志しを新たにする思いがします。これもまた、神様が私たちの祈りを聴いてくださった果実であると、主の御名をほめたたえる5年目の被災地です。

「フクシマ」と「オキナワ」の提言

1　自己紹介

仙台市・郡山市・いわき市に、食品放射能計測所「いのり」があります。仙台の所長は保科隆先生(日本基督教団 仙台東一番丁教会牧師、相双・宮城南地区総会議長)、郡山の所長は木田恵嗣《けいじ》先生(ミッション東北郡山福音キリスト教会牧師、福島県キリスト教連絡会代表)、いわきの所長は明石義信先生(日本基督教団常磐教会牧師、いわきキリスト教連合震災復興支援ネットワーク書記)です。私は、各計測所長を補佐し、リンクさせ、他の団体・機関と連結させる役割を負っている者です。

私の妻の母は、沖縄・渡嘉敷島の出身です。今、私には二人の小さな子どもがいます。低線量被ばくを心配しています。子どもだけでも「移住」を、と、真剣に考えています。移住となれば、沖縄がもっとも「近しい」場所となります。「フクシマとオキナワ」というテーマは、私にとって、とても他人事と思えません。

2　オキナワとフクシマ

２０１４年3月21日、日本基督教団東北教区センター・エマオを会場として、「平和講演会」が行われました。講師は、金井 創牧師（佐敷教会）でした。「原発と戦うことと、基地と戦うことは、同じこと」とおっしゃいました。まったく同感です。原発と基地とは等しく「アリスの不思議の国」を作り出してしまいます。つまり、原発と基地がある場所は、「道理」が通らず、「無礼」が横行し、「無責任」が褒賞される。それはまるで、「不思議の国のアリス」が迷い込んだメチャクチャな国、そのものです。それは、しかし、物語ではなく、本当に存在して私たちを苦しめています（なお、「不思議の国のアリス」を書いたルイス・キャロルことチャールズ・ラトウィッジ・ドジソンは、やはり、このメチャクチャな国は私たちの世界そのものだと、そう信じて書いていたそうです。）

以下に、金井牧師から伺った「オキナワ」の様子から、「フクシマ」との共通点をあげてみます。

（1）爆音と放射能

この二つは、誰がどう見ても、「それは体によくない」と認めるものです。しかし、その被害は、さまざまな仕方で、さまざまな力によって、隠蔽されています。

（2）墜落事故と放射線被害

この二つは、とても深刻な惨事をもたらす危険性を示しています。しかし、それらは「リスク」とされ、確率の問題とされ、最後は「お金」で解決されてしまいます。

（3）墓参りと帰宅

普天間基地の中に、数多くの亀甲墓（沖縄伝統のお墓）が残されています。お墓参りは、沖縄の人々にとってとても大切な行事です。しかし、それをするために、今、多くの沖縄の人々が、大変な手続きを求められ、回数も制限されている。同様に、原発事故現場から20キロ圏内の皆さんは、自分の家や庭や畑に入るのに、一週間程度かけて手続きをしなければならない。「奪われてはならないもの」が簒奪されていることに、心を痛めます。

（4）基地建設と除染作業

基地建設阻止の勇敢な運動を私たちは金井牧師の講演から学びました。その非暴力直接行動の戦いの相手の当事者は、誰でしょうか。もちろん「国」であったり「米軍」であったりするのですが、実際の現場では、沖縄県民が雇用され、調査船を操縦し、警備員として金井牧師たちを排除している。沖縄県民が、生活のために、環境を破壊し、そして、同じ沖縄を愛する人々（たとえば金井牧師）と衝突し戦っている。環境破壊と分断が、そこに痛々しく露出します。福島も同じです。除染は、完全にこれまでの環境を破壊します。土を剥ぎ取り、木の枝を切り落とし、河川を汚染するのですから。しかし、現場でそれを行うのは、やはり、福島県民であることが多いのです。それは生活のための労働なのです。

3　密着と直結

では、私たちはどうすればいいのでしょう。希望はあります。「教会の強み」があります。それは、「密着と直結」ということです。

教会は、地域に密着しています。そして教会は、全世界・全国に直結しています。沖縄に、たとえば「ゴスペルを歌う」という抵抗運動がある。それは、すべてのキリスト者（基地職員および兵士たちを含む）の心を打つでしょう。心打たれたキリスト者は、すぐにその場で、そこにある痛みを自分のこととして受け止めることでしょう。これは、現場に「密着」して生まれる運動が、世界に「直結」する、という好例だと思います。

フクシマでも、この「密着と直結」を活かした運動が続いています。それはきっと、オキナワにも役立つ運動ではないか。そう思っています。具体的に、述べてみます。

（1）密着：計測と傾聴と共有

フクシマで、つまり、福島第一原発事故の影響を受けたすべての地域で、私たちは、計測をします。私たちが使う簡易計測器では、精密な測定は不可能です。しかし、30 Bq／kg程度までであれば、スクリーニングできる（計測）。そこで「怪しい」となれば、私たちにはネットワークがありますから、他の団体の精密検査へと回すことができる。その流れの中で、私たちは、不安に悩む方々の声を聴かせて頂く（傾聴）。そして、私たちがネットワークの中で獲得した情報を、その方々にお分けすることができる（共有）。計測・傾聴・共有――これが、私たちのしていることです。こうしたことを通して、私たちは、現場に「密着」することができるのです。

（2）直結：核実験と国際被ばく者連帯

そして私たちは、その「密着」で得られた知見を全世界・全国へ発信し、お力をお借りすることができます。それが「直結」という強みです。

youtube Nuclear testing 1945-1998

「youtube Nuclear testing 1945-1998」というキーワードで、インターネットを検索ください。すでに世界では、２０００回を超える核爆発実験が行われていることが、よくわかります。フクシマの比較にならないほど、実は、世界は核兵器で汚染され、被ばくしています。のんきな私たちは、それを知らないでいた。しかし、今、フクシマがあります。そこに、一つの可能性が生まれます。私たちが気付き目覚める可能性が生まれます。「国際被ばく者連帯」ということも、現実的な可能性として、考えることができるようになります。

核兵器を支えているのは、軍事基地です。ここで、「フクシマ」と「オキナワ」は結びつきます。基地がある限り、世界は放射能で汚染され続けることでしょう。基地を無くすことと、被ばくを無くすこととは、密接に連携しています。そう気づくと、被ばくの問題への取り組みが、基地の問題への取り組みに連結してゆくことになります。世界各地で行われている被ばくへの取り組みが、沖縄の基地問題へのヒントを示します。

つまり、「直結」という教会の特徴から、私たちは未来への提言・ヒントを得ることができる、ということなのです。

4 提言：タヒチとニュージーランドから

たとえばニュージーランドは、40年前から、「核から解放された国」となっています。なぜか。それは、まさに辺野古と同様、ニュージーランドの人々がボートを出し、フランスによる南太平洋での核実験を止めたから、です。なぜ、ニュージーランドのボートは、フランスを阻止することができたのか。それは、ニュージーランド政府を仲間に引き込んだからだと言います。それがなぜできたのか。私たちは直接お話を伺いました。それは実に、教会のネットワークによる成果だということです。

同様に、タヒチからもヒントが得られます。フランス植民地であるタヒチ周辺の島々の中に、ムルロアという無人島（サンゴ礁の島）があります。その周辺の島民が徴用された上で、この島の上空でフランス軍は50回もの核爆発を起こしました。その後フランス軍は、国際的な批判をかわすべく、ムルロア周辺の海の下で、つまり地下で、実験を続行しました。実に150回も実験は行われ、無数の労働者が被ばくし、そして数百キログラムのプルトニウムが今も海の下に眠っているとのことです。

1980年代まで、この事実を語ることは「危険」なことでした。実際それを語ることは、ムルロア周辺の島々の住民に「解雇」や「死」をもたらしたのです。しかし、2001年、世界教会協議会（WCC）の事務局で働いていたジャーナリストのジョン・ドゥーマさんが、故郷タヒチに戻ってきた。タヒチ長老教会は彼を教団総幹事として迎えた。世界のネットワークを活用して、彼はフランスと闘いはじめた。タヒチ政府も味方につけ、その運動は成功を納めはじめた。今、ムルロアの悲劇は、フランスの法廷で公式に語られ、論じられ、糾弾されています。

私は、ドゥーマさんに、その成功の秘密を訊ねました。彼ははっきり言いました。「教会が支えたから、ここまで来られたのだ」と。彼の運動の周辺で、やはり「危険」があったそうです。しかし、教会が彼の運動を支えた。国際的なネットワークが持っている力は、地元の教会の信仰によって支えられ、事態を打開するために発揮されます。そのことから、私たちは大切なヒントを得ることができるように思います。それは、オキナワにも、フクシマにも通じるヒントです。

川内村という焦点

原発避難民の皆さんの近況は、どんな様子なのだろう――そうした関心をお持ちの方も、多かろうと思われます。もし、私がそう質問を受けましたら、こうお答えすると思います。「ひとことで言えば、完全に分断されてしまっています」と。

株式会社東京電力の福島第一原発が爆発した事故によって、数十万の人々が避難を余儀なくされました。当初、平身低頭の姿勢でお詫びを繰り返す東京電力の職員の皆様の様子が、福島県内のあらゆるところで目に映りました。そして、避難の指示を受けたすべての人々に、おひとり当たり月額10万円の「精神的損害への賠償(精神的賠償)」が支払われるようになりました。これは、「交通事故における精神的損害(いわゆる慰謝料)」等が参照されて算出された金額であるとのことです。

その後、この避難民の皆様の間に、厳しい分断が投げ込まれます。まず、漁村・農村の大きな家屋に大家族で住み、互いに支え合ってきた各世帯は、仮設住宅に住む老人世帯と、アパート・マンションに住む若者世代に分解し、核家族化して行きます。そして「被災者同士」と思い支え合ってきた仮設住宅住民の中で、市町村ごとの都合による分断が生じます。

たとえば川内村は、2012年1月に村長による「帰村宣言」がなされ、「精神的賠償」が打ち切られることになります。それでも約半数の村民は、まだ村に帰ることができません。「山河は除染しない」という国の方針等が、広く深く影響していると言われています。そうして次第に、仮設住宅内で分断が起こります。川内村の人々は、生活苦に陥いります。そして、その他の町村からの避難民は、「帰村宣言」以後にも仮設に住む川内村の人々に、冷たい目を向け始めます。

専門家の調査によると、川内村から避難してきた仮設住民は、おおむね、月に4万円以下の収入（主に国民年金）で生活しているそうです。残念ながら、国民年金を満額受け取れる人は、決して多数ではない。それでも、家族で支え合い、豊かな山河の恵みに浴して、とても豊かな生活をおくることができた川内村でした。しかし、そのふるさとは、失われてしまった。

仮設住宅ですから、家賃はかかりません。それでも、水道光熱費で、どうしても、2万円は消えます。すると、一日700円も使えない。それが、現実だそうです。それで、年金に加えて毎月10万円の精神的賠償を得ている人々との格差が、人間関係にひずみを生み出して行きます。

そうした中、立ち上がる住民も現れ始めました。たとえば、郡山南仮設住宅自治会長の志田篤さんは、専門家と相談して、ＮＰＯ法人「昭和横丁」を設立し、物資支援を呼び込み、生活再建を支援することにしました。その最初期から、私たち東北ヘルプも、郡山市内の諸教会と共に、志田さんの働きをご支援させていただいています。今では、ＮＰＯ法人「昭和横丁」が中心となって、日本バプテスト連盟が無償貸与しているキッチンカーを使って週二回「天ぷら」を販売し、宮城県三陸沿岸の海産物市場を開催して、川内村住民が生活を再建しようとなさっておられます。

しかし、志田さんのこれまでの歩みは、決してたやすいものではありませんでした。働きを始めるとすぐ、最近になってもなお、身近な各方面からの無形の圧力が加わるというのです。その圧力は、以下のような言葉となって、志田さんにとり憑いているようです。

「生活困窮など、起こっているはずがない（みんな何とかやっているんだから）」
「自立しなければならないのだから、物資支援はよくない」
「お前たちは川内の恥だ」

志田さんは、そうした言葉に耐えながら、当事者として、仲間の支援を続けてこられたのでした。

志田さんの目標は、「生活再建」に絞られてきました。そして国の「原子力損害賠償紛争解決センター（ADRセンター）」に申し立てを行うべく、2014年から一年間の準備をしてきました。弁護士との連絡調整、被害・損害の見積もり、そして申し立て人の募集と合意の取り付け。膨大な量の作業が、70歳を間近にしている志田さんの毎日を埋め尽くしています。「老人カーを押してさ、80歳をこした〝じんちゃん・ばんちゃん〟たちが、ひとりひとり、同意書に署名捺印しに来るのよ……。見ていてさ、涙が出てきてさぁ」と、2015年1月22日、志田さんは話してくださいました。

2015年2月10日（火）、私は再び志田さんを訪問しました。2月27日、ADRの手続きがもう一つ前進することとなり、その記者会見を行うことになったとのこと。私はすぐ、福島県キリスト教連絡会の会長・木田恵嗣牧師に連絡をして、記者会見に応援に行くよう、お願いをしました。「これから先は、世論のお力をいただかないとね」と、志田さんが励ましてくださったのでした。

今、志田さんがまとめている人々の数は、五百人に達しようとしています。最初は高齢者ばかりであったものが、最近は若者も参加し始めたそうです。

「最近、しきりに感謝されるんだ。声を上げてくれてありがとうって。天下の東京電力が相手だ。

勝てるとは限らないぞって、そういう俺にさぁ、ばあちゃんが言うのよ。今まで何も声を上げられなかった。悔しかった。志田さんが声を上げてくれたことが、本当に嬉しかった。本当にありがとうって、さ」と、しみじみ語る志田さんの声が、忘れられません。

世論の声は、苦しみに向かって思いを寄せる心の声です。それは祈りそのものではないかと思います。川内村は、すべての原発被害者の先頭を行く、被災状況の焦点となっています。この村の人々が苦難を乗り越える、その一つ一つの出来事が、これから、すべての原発被災者の道標となるでしょう。今、志田さんの働きに思いを寄せ、祈りを合わせていただくことは、これから先に訪れる近未来への、大切な支援となると思います。

次頁に、「貧困問題としての川内村」という資料の抜粋を掲載いたします。これは、2014年10月12日に東京都で行われた「反貧困全国集会2014」に私が「反貧困みやぎネットワーク」の立場で出席し、「反貧困ネットワーク・福島」の皆さんと共に川内村の現状を訴えた際の資料です。併せて、ご高覧を賜れば幸いです。

貧困問題としての川内村
——東北ヘルプの川内村支援プロジェクト

支援内容：

a. 川内村民による NPO 法人「昭和横丁」が行う、将来の「帰還者」約 46,000 人の生活再建を目指す公的支援要請の活動（特に ADR への申し立て）を、東北ヘルプとして支援する。

b. ADR での対応が終了するまで、約 2 年と見込まれる。仮設住宅は平成 28 年 2 月までとされている。それまでの間、川内村民による NPO 法人「昭和横丁」が物資支援窓口となり生活支援を行う。NPO 東北ヘルプとして、この物資支援活動の支援を行う。

お願い：

物資支援を行う際、一回約 20 万円の経費がかかります。
お志《こころざし》を賜れば幸いです。

◆物資支援の連絡先◆

NPO 法人「昭和横丁」代表理事　志田 篤
携帯　090-1387-2302
昭和横丁のブログ　http://ameblo.jp/s-yokocho/
メールアドレス　kwut-yokocho@outlook.jp

◆募金窓口◆

郵便振替　02290-8-136273
特定非営利活動法人　被災支援ネットワーク・東北ヘルプ
他金融機関からの振込口座：
ゆうちょ銀行　二二九店　当座預金　0136273
（「**川内村支援**」と特記ください。
振込金額の全額を、上記 NPO 法人へお渡しします。）

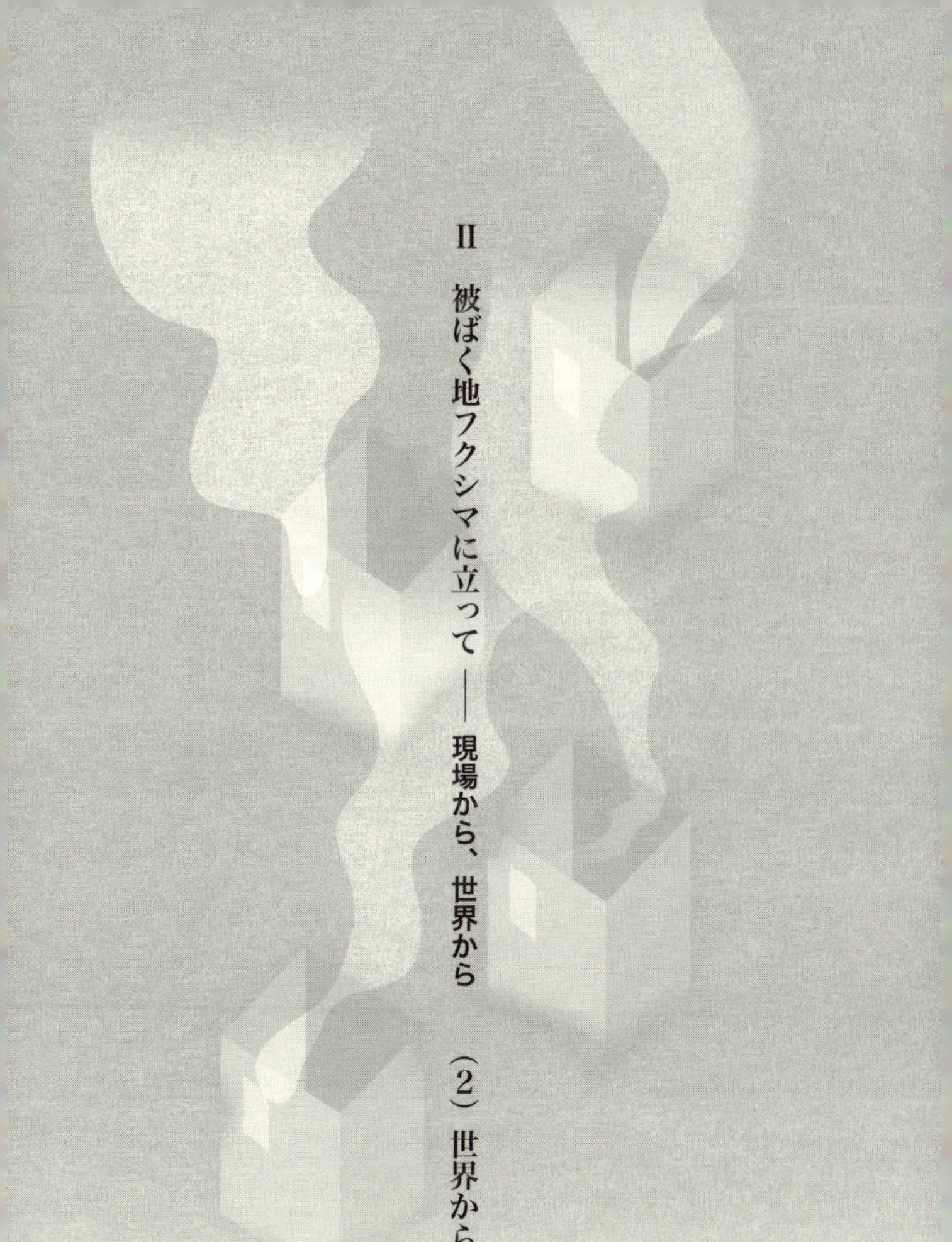

II 被ばく地フクシマに立って――現場から、世界から

（2）世界からフクシマへ

国際会議「信仰・科学技術・未来」の意義
――フクシマ事故の現場から

序：現場で歴史に学ぶ意味

私は、福島の現場での支援の働きのために、歴史に学びたいと願っている。それはどのようにして意味あるものとなるか。この問いに答える形で、まず、本章の目指すところを述べる。

（1）2014年12月のWCC

2014年12月1日から3日まで、スウェーデンのスギトゥナ市で、WCCはコンサルテーション・ミーティングを行った。[1] この会議に接続して、翌4日・5日とワークショップが行われた。全体を貫くテーマは「平和構築と正しい平和のためのアドボカシー」とされた。この催事は、WCC第10回総会期のテーマである「正義と平和への巡礼」を具体化するものとして位置づけられていた。平和構築の現場に働く者としての招待を受け、私はこの催事に参加した。

そしてその催事と並行して、この催事の初日にだけ参加したWCC総幹事オラフ・トゥヴェイトは、12月3日から5日まで東京で開催された「9条世界宗教者平和会議」に参加して講演を行い[2]、[3]12月7日に奈良で説教を行った。[4]その翌12月8日、同総幹事は担当幹事を伴って仙台を訪問し、日本基督教団、日本ルーテル教団、仙台キリスト教連合[5]に所属する教会・団体と、東京電力福島第一原子力発電所事故（以下フクシマ事故と略）の影響の現状とその犠牲[6]となっている人々への奉仕について、情報交換を行い、今後の方策を話し合った。私は、仙台キリスト教連合が設立したNPO法人「被災支援ネットワーク・東北ヘルプ（以下「東北ヘルプ」と略）」の事務局長として、この会議に参加した。

この二つの会議を通して、私は以下の二つの事柄を印象深く記憶した。

(a) WCCにとって、フクシマ事故は特別な意味をもっている。

1986年、チェルノブイリ原子力発電所事故が発生したが、その詳細な情報が公開されたのは1990年であり、その翌年にソヴィエト連邦は崩壊、チェルノブイリの現場はウクライナ領内となり、ウクライナ正教会は現在に至るまでWCCに参加していない。そうした経緯の結果、フクシマ事故は、ＷＣＣにとって「初めて」の事案となっている。以上のことを、同協議会幹事のＦ・ジョナサンは5日朝、スギトゥナ市での会合で私に告げ、「日本の教会は先駆者の役割を担っている」と述べた。このことを8日に仙台で私はトゥヴェイト総幹事に告げると、１９８６年の事故当時ソヴィエトのロシア正教会が同協議会の中心メンバーであったことを踏まえ、今般の事案が「初めて」であるかどうかは議論の余地があるが、フクシマ事故はＷＣＣにとって極めて重要であることは間違いない、との応答があった。

(b) ＷＣＣにとって、東日本大震災後の日本の教会の働きは、注目すべきものとなっている。

２０１４年7月、ＷＣＣは「日本国憲法第9条の再解釈についての声明[7]」と「声明：核から解放された世界へ[8]」を採択した。協議会の議長であるチャン・サンはその声明文を携えて菅義偉内閣官房長官を訪問し、予定時間の倍となる20分間、懇談を行った。[9]その懇談における通訳者の証言によると、チャン議長は「日本の教会が被災者に対して行っている支援活動は、日本政府の手本とすべきものである」と述べたという。このエピソードは12月8日の会合に報告された。この報告を受けたＷＣＣ側の参加者は、今現在、深刻の度合いを深めているフクシマ事故の現場において活動する日本の諸教会のイニシアチブによってこそ、ＷＣＣの今総会期のテーマである「正義と平和への巡礼」が具体的化されることが期待されると応答した。

以上の出来事は、私たちに、歴史に学ぶ意味と、「現場」の意味を、示唆している。本稿のテーマは、ここから来ている。以下、本稿のテーマについて、簡潔に述べる。

(2) 歴史に学ぶ意味

後に述べるとおり、私は、多くの人々の助力の中で、教会がフクシマ事故に学びつつ核の問題を自らの課題として行く過程を目の当たりにした。その経験は私に、近過去の教会の歴史的歩みに学ぶ必要を覚えさせるものとなった。しかし上記に記した出来事は、近過去において未だフクシマ事故を知らない教会は、核の問題、なかんずく被ばくの問題を取り扱うことが「なかった」可能性を、私に知らせた。その上で、なお、歴史に学ぶ意味は、あるのだろうか。

今、「意味は」と言った。そもそも「意味」とは何か。ドイツ語で、フランス語で、英語で記される際、この語は、すべて、「意味」と共に「方向」を含意する。過去から現在までの自らの越し方を主体的に引き受け、「誰のために・何のために」という問いに対する答えらしきものを携えて、現在から未来への展望を持つとき、そこに方向性が生まれる。その時そこには「意味」がある——そうした含蓄が、「意味」と訳される言葉にはある。そういう「意味」ある事柄として、私たちは歴史に学ぶことが、はたして、できるのだろうか。

哲学者の今道友信は、キルケゴールの歴史観を批判的に参照しつつ、「歴史に学ぶのは、過去の失敗を繰り返さないため、だけではない」と述べている。過去に「あった」事柄に焦点を当てる研究、即ち「有」の歴史研究の可能性は否定され得ない。しかし「無」の歴史研究もあるのではないか。「かつていなかった者（現在の研究者）が、もう無くなったもの（過去）と出会う」という「二重の無の出会い」が生起すること。それこそが実は、歴史の意味ではないかと、今道はいう。プラトンの所謂「洞窟の比喩」から「スキアロジー」[10]を構想した今道らしい視角である。[11]

もし私たちが「先駆者」の位地にいるならば、こと教会と核の問題をフクシマ事故の現場で学ぶことについて、「有」の歴史研究には、意味が無いかもしれない。しかし、「無」の歴史研究という可能性があるとすれば、なお私たちは資料を紐解くだけの動機づけを得ると思う。以上のような見通しをもって、過去の資料と証言をたどった結果、私は、１９７９年の一つの国際会議の重要性に行き着いた。本章はこの国際会議の意味を検討するものとなる。

（3）「現場」の意味

冒頭に述べた２０１４年12月のＷＣＣとの出来事は、歴史に学ぶ意味と、「現場」に学ぶ意味を示唆するものであった。今、歴史に学ぶ意味については述べた。次に、「現場」に学ぶ意味について述べよう。私は、「現場の神学」を展望する作業を進めている。この作業について、私は2010年に以下のように記した。

現代神学における「現場」とは、神学の前提である。その前提を確保するためには、三つの課題がある。「場」の贖罪論・《場》の救済論・「現場」の祈祷論である。現代神学において現場とは、「場」の供儀によって知られる《場》の救済に向かう祈祷の場となる。[12]

この2010年の結論は、震災後に神学する上での踏み台となった。[13]とりわけフクシマ事故の課題と向き合う中で、2013年まで「現場」の祈祷論が検討され、[14]2014年まで「場」の贖罪論が検討された。[15]

そして2014年7月、WCCは「核から解放された世界を目指して」と題した声明文[16]を採択した。これは、7月2日から8日の日程でWCC中央委員会がジュネーブで開催され、[17]2013年11月8日のWCC第10回釜山総会本会議で継続審議となっていた声明文案[18]が採択されたものである。WCCが以上のような経緯をたどる中で、フクシマ事故の現場はどんな意味を持ったのだろうか。この問いは、「現場」の祈祷論の断章としての歴史研究への導線となるだろう。この展望を持って、本章は「フクシマ事故の現場から」神学することを副題として掲げた次第である。

以上、本稿の目指すところを述べた。まとめるならば、「無」の歴史研究を模索しつつ、2014年までのWCCの道程におけるフクシマ事故の現場の意味を検討すること。これが、本章の目指すところとなる。

1. 声明文「核から解放された世界へ」

2014年までのWCCの道程の到達点に、声明文「核から解放された世界へ」がある。まず、この声明文の成立過程とその内容を確認し、それが示す課題を、以下にまとめる。結論を先取りして記せば、その課題とは、1954年から2014年の間の60年間の分節線を1970年代に取り出すことである。

(1) 当事者・日本からの貢献

2012年12月、会津若松市で「原子力に関する宗教者国際会議」が開催された。[19] この会議こそ、WCCの関係者が核問題における日本の貢献を求めた会議となった。私を含む「東北ヘルプ」

の関係者は、主に福島県キリスト教連絡会[20]および会津放射能情報センターと連携しつつ、現地実行委員会としての役割を担うようにとの要請に応じて行った。[21]

会議の後、とりわけ韓国基督教教会協議会（ＮＣＣ韓国）と東北ヘルプの間では数次にわたる会議が重ねられた。その会議を通して「２０１３年10月30日から11月８日に開催されるＷＣＣ第10回釜山総会において核問題を取り扱う声明文が採択されること」が、共通の目標として設定された。そして釜山総会が開催されるとすぐ、関係者は会場となったコンベンション・センター「ベクスコ」東端にある「カフェＢ」に集まった。この集まりは「釜山ネットワーク・カフェ」と呼ばれ、総会開催期間中毎朝集まり、核問題を取り扱う声明文の採択に向けた作戦会議を開催する場となった。

「釜山ネットワーク・カフェ」は、10月31日に「核から解放された世界に向けた声明を求めて」と題された請願書[22]を作成した。請願書は32の加盟教会から85の代議員の署名を集め、提出された。この請願に基づき、本会議は満場一致で声明文案の作成を決定し、11月８日までの期間中、声明文の作成及びその採択を巡る審議が続いた。東北ヘルプが「ベクスコ」に出したブースを基地として、日本からは12名のキリスト者・ムスリム・所謂「無宗教」者が待機し、来場者に福島の現状を訴えた。また台湾、ニュージーランド、韓国と共同で連日「国際被ばく者連帯を目指すアドボカシー・フォーラム」を開催し、分科会に出席して折を見ては Fukushima に言及する発言を行った。そうした努力の中で、総会本会議は核問題についての声明文案を「継続審議」とし、その採択は、2014年7月の中央委員会を待つこととなった。[23]

その後すぐ、「釜山ネットワーク・カフェ」は関係者全員に連絡を開始する。中央委員会へ提出する声明文案が新たに策定され、その加除修正の意見募集がネットワーク内で行われる。東北ヘルプはその募集に応じつつ、2014年3月に日本基督教団主催で行われた「東日本大震災国際会議[24]」に「釜山ネットワーク・カフェ」の関係者および韓国福音主義協議会（KEF）を招いた。その3月の会議を契機として、毎年7月にタヒチで行われる核実験被害者の記念碑に「フクシマの石」を贈呈する企画が立ち上がる。こうして私たちは国際的な発信を続けた。そうした中で、2014年7月、声明文「核から解放された世界へ」は、中央委員会で採択されることとなったのである。

(2) タイトルと歴史と声

声明文「核から解放された世界へ」の特徴は、以下の三点にまとめられる。

(a) タイトル

声明文のタイトルは「Statement towards a Nuclear-free World」とされている。このタイトルに、声明文の特徴の第一がある。まずこの声明文は、核兵器・原爆と核施設・原発とを、一体のものとして取り扱おうとしている。この声明文を求める請願書に以下のようにある通りである。

ここに我々はWCCに対し「核エネルギーについては、核兵器と共に、これを徹底して廃棄しなければならない」という立場をとるよう、呼びかけたい。これはかつてWCCがしてこなかったことである。(25)

そして、核兵器・核施設(原爆・原発)を一体として考える意味での「核」の奴隷状態からの脱出(出エジプト)という思想が、この用語の中に練りこまれている。それは、2012年の「原子力に関する宗教者国際会議」における張允載の講演(26)以来、声明文作成に関わる人々の間の、一つの基調となっていた。

(b)歴史

声明文「核から解放された世界へ」の第二の特徴は、そこにWCCの核を巡る歴史が丁寧に辿られていることである。この歴史叙述において、WCCが、1948年の草創期以来、核兵器の使用の非倫理性を訴えてきたことが強調される。その非倫理性の主張の上に、核施設・原発も位置づけられているのである。

ところで、この一連の歴史的経緯の主発点に、日本の教会の貢献があったことは私たちにとって看過しえないことだと思う。1954年の米国エヴァンストン市で行われたWCC第2回総会への日本からの働きかけは、同年3月にあったビキニ水爆実験による民間船舶の被ばく事件があったことを背景としており、原水爆の使用および実験の非倫理性がWCCによって確認される上で、重要な役割を果たした[27]。

2014年の声明文「核から解放された世界へ」における歴史的経緯を綴る記述には、もう一つ確認すべきことがある。それは、WCCが核（原子力）そのものを包括的に検討し始める出発点が1975年の「核（原子力）エネルギーについてのエキュメニカル・ヒアリング[28]」であったとされていることである。声明文は、その成果がWCC第5回総会へとつながっていったとする。即ち、2014年への道程において声明文が転換点としたのは1970年代の議論であった。

（c）被ばく者の声

12月3日、トヴェイト総幹事は東京での講演で、声明文「核から解放された世界へ」について、以下のように引用しつつ言及した。

私たちは釜山総会からこのトピックに関するいくつかの信仰の言葉に耳を傾けてみましょう：WCC総会は、命を脅かし破壊する方法で原子のエネルギーを使用することは、神の創造の罪深い誤用であると述べました。クリスチャンは、原子や分子からも命を呼び出し、豊かに命の創造を与えてくださる寛大な創造主として神さまを理解しています。人類は、核兵器によって守られて恐る恐る生きたり、あるいは、原子力エネルギーに依存して無駄使いの中に生きて、結局命を危険に晒す、といったことを止め、むしろ命を守るようにして生きるように召しだされていると、私たちは信じています。我々の仕事は、神の多様な命の賜物と社会や経済の調和を構築することだ、と会議は宣言しました。１９９０年代、カナダ北部のサートゥ・デネの人々は、彼らの土地から産出されたウランが１９４５年に広島と長崎を破壊した爆弾に使用されていたことを知り、謝罪のために、日本へ長老の代表団を派遣しました。我々は核の被害に苦しむすべての人に耳を傾ける必要があります。日本のヒバクシャ、韓国のピポジャ、太平洋および中央アジアの試験場の被害者が、核時代からの脱出を叫んで声を上げています。そして今、これらの声が、別の形で産み出された苦しみの声、つまり、福島の原子力災害の犠牲者の声によって、つなぎ合わされています。私たちは、自分たちを守るために他の人々の命が大量に破壊されることが正当化されることを拒否しなければなりません。神は私たちの前に、生と死、祝福と呪いを置いてくださっています。神は私たちと私たちの子どもたちが生きることができるように、「今、命を選びなさい」と切に望んでおられるのです。

総幹事の講演の結論が強い言葉で組み立てられる際、2014年の声明文の中に盛り込まれた「1945年の核兵器使用以来の被ばく者の声」が、その根拠として用いられている。2014年の声明文の第三の特徴は、「被ばく者の声」に注目している点にある。その特徴は、その後のトゥヴェイト総幹事の演説にも反響している。

（3）1956年と2014年の間

私たちは、フクシマ事故の現場からWCCの歴史における核を巡る議論の展開を検討している。その時、日本からの貢献ということが視野に入る。そうした視界の広がりの中で、上記の通り声明文「核から解放された世界へ」を概観するとき、a 核施設を含む「核」からの解放を目指す歩みの展開が、b １９５６年と２０１４年の間、とりわけ１９７０年代に、c 被ばく者の声を聴く形で始まる、その分節線を見出すことができるのではないか、という推論が成り立つ。

以下、この推論を検討するために、１９７９年の会議に注目することとする。

2．１９７９年の国際会議「信仰・科学技術・未来」への批評

以下、１９７９年の会議について、その会議に注目すべきと予感される理由と、その会議への評価の言葉と、その会議への批判の言葉をまとめる。

(1) 予感

１９７９年7月12日から24日、ボストンのマサチューセッツ工科大学を会場として、WCCは「信仰・科学・未来」と題する国際会議を開催した。折しも同年3月28日にスリーマイル事故が起こっている。この事故現場から40キロ圏内には所謂「アーミッシュ」の共同体があり、飯舘村の悲劇などを知っている私たちは、スリーマイル事故とフクシマ事故との相似性を予感することができる。

２０１４年9月、私が日本基督教学会で声明文「核から解放された世界へ」の神学的意義を論

じた際（それは本書129頁以下に収録されている）、神田健次は、1979年の会議に次の展開のヒントがあると助言した。その直後、「釜山ネットワーク・カフェ」の中心的役割を担っている金容福は、同じ会議の重要性を私に告げた。金は2012年3月号の『基督教思想』への寄稿において、WCCにおける核問題についての議論の整理を行っているが、その中で金は、「Just, Participatory and Sustainable Society（略称JPSS）」をテーマとしてWCCが継続開催した国際会議(29)に参加したことを回顧して、以下のように述べている。

私は、1977年の「正義にあふれ、参与可能で持続可能な社会」の論議において被ばく者の視点から核問題を見ることが重要であるとの論旨の問題提起を行った。これは、当時の韓国教会女性連合会において提起された広島と長崎の韓国人被爆者の経験を基にしたものであった。(30)

この1977年の会議はザルツブルグで開催された。この会議で自らが「イエスはヒバクシャだ」と発言したことを回顧しつつ、今でもこの言葉を大切にしていることを、2014年10月15日に、金は私に語った。このザルツブルグの会議に続くものとして1979年に米国マサチューセッツ工科大学で開催が決定した会議に大きな期待を寄せていた金は、しかし、当時の韓国政府が出国を認めなかったために、会議に参加することができなかったという。

金が期待を寄せたこの1979年7月の会議こそ、国際会議「信仰・科学技術・未来」であった。この会議では日本からの参加者3名がプレゼンテーションを行った[31]。日本では同年8月に「自然と人間は『核』と共存できるか」を問い直す日本キリスト教協議会の議論が公開されたこと[32]もあり、この会議の報告は注目を集めた[33]。

（2）評価

神田健次は、1979年の会議について、環境を巡る「グローバルな危機的問題」に対応する「エキュメニカルな軌跡」の到達点として、評価している。神田の議論を要約すると以下の通りとなる[34]。

（a）1961年にWCC第3回ニューデリー総会が開催された。この総会で示唆された「自然の神学」の展開の要請に応え、1966年にはジュネーブで「技術と社会の革命」に伴う深刻な人間の犠牲を見詰める議論が行われ、創造者である神との関係における技術の倫理が求められるに至った。そして1968年のWCC第4回ウプサラ総会で「技術と社会正義との相互作用」を神学的課題とすることが、明示的に提言される。この提言を受けて、WCCは1974年にブカレストで会議を開き、「持続可能な社会」という概念を初めて提唱した。ここまでが「エキュメニカルな取り組みの第一の時期」となる。

(b)以上の成果に危機的な意識が加わったのは1975年のWCC第5回ナイロビ総会であった。この総会で、世界における飢餓の問題と環境破壊による持続不可能性の危機がWCC内に共有され、上述した「JPSS（正義・参与・持続と社会）」がテーマとして設定された上で、1979年のボストン・マサチューセッツ工科大学での会議へと至る。この会議は「科学・技術の発展に伴う倫理的問題を広範な角度から問うた歴史的な会議」となった。

(c)その後、1983年のWCC第6回バンクーバー総会において「JPSS（正義・参与・持続と社会）」というテーマ設定は「Justice, Peace and Integrity of Creation（略称JPIC）」と変更される。つまり、「正義・平和・統合と被造物」がテーマとなる。

以上の評価の背景となるWCCの歴史を、私たちの関心である核の問題にひきつけるならば、次のようにも言えるだろう

イ）第二次世界大戦の惨禍を経てＷＣＣが発足し、
ロ）日本からの運動も相俟って第２回総会において核兵器及び核実験への倫理的問題提起がなされ、
ハ）それを受けて、ＷＣＣ内に科学技術への倫理的批判が起こり、
ニ）その会議を経て「ＪＰＳＳ（正義・参与・持続と社会）」がテーマとして設定され、
ホ）そしてスリーマイル事故を経て、１９７９年の会議へと至った。
ヘ）その反省に基づいて「ＪＰＩＣ（正義・平和・統合と被造物）」がテーマとして設定され、
ト）その到達点として、「いのちの神よ、私たちを正義と平和へ導いてください」を標語とした２０１３年のＷＣＣ第10回釜山総会があった。[35]
チ）そしてフクシマ事故を念頭に声明文「核から解放された世界へ」が審議され、２０１４年７月にその声明文が採択された。

以上のように整理してみると、１９７９年の会議は、ＷＣＣの核を巡る議論を二つに分節するものとして注目し得ることが明らかになる。この後半の流れ（現在に至る過程）の中に、とりわけ

「正義」と「統合」を巡る問題が伏在している。[36]この問題の詳細な検討を今後の課題として、その課題に接続するように、1979年の会議について、以下、検討を進める。

（3）批判

1979年の会議については、開催直後に、参加者からの批判が残された。この批判にこそ、「無」の歴史研究の入り口を見出すことができる。

古谷圭一は、1979年の会議に参加した者として、その詳細な報告を『福音と世界』に寄稿している。古谷の報告は厳しい批判的な筆致を伴っている。古谷は、その報告の冒頭から、以下のように書き出している。

参加者のだれもがいくらかのフラストレーションを感じていた。それは、この会議において取り上げられたテーマの緊急性と国際会議の常である自国の状況と、それに対して得られた結論があまりにも生ぬるいためである。来たるべき10年後の世界において生ずると予想される、科学技術に関連した世界の物質的、社会的、倫理的危機に対して、集まったキリスト者たちにとって、論ずべきことはあまりに多く、また、あまりにも広範なものであった。この宿題は、この

会議の勧告が呼びかける各個教会において深められ、実行されるべきものであろう。(37)

古谷は、この会議に先立って入念に行われた準備会合の説明を行ったうえで、会議の印象を以下のように述べる。

参加者の多くは、三、四十代の者がきわめて多く、従来の会議への参加者は比較的少なく、新しく参加したメンバーが多かった。しかしながら、その多くは、この種の現代における自然科学と技術の問題こそが、信仰にもっとも大きく関与する問題であり、これに携わるもののみでなく、また神学者のみでもなく、ともに共同して新しい理念を開拓する機会を何とかつかもうと努力し続けてきたひとびとであった。したがって、比較的少数でもあり、また、いまだ関心がそれほど広くなかった予備会会議のプロジェクトの存在についても、知らないまま参加した者も多かった。このため、この会議における討議は、従来の会議においてすでに問題とされたポイントが、今回も未消化のまま提出され、多くのテーマを限られたスケジュールで、互いの共通のコンテクストを確認しながら問題を煮つめる余地は少なかった。しかしながら、この作業は、科学技術が現代の社会と倫理にいかなるインパクトを与えているかという緊急の課題を、可能な限り多くの人々に考えるチャンスを与えた。またそれを鼓舞するという目的のためには、すでに整理されている論理の上に至高の深まりを期待するよりも、この会議のフラストレーションによって、地球上の数多くの地点で、議論や思考の出発点が作られるという利点をこそ、まず認めるべきなのだろう。[38]

この古谷の批判は、つまり、多様な人々の参加が得られたという成果の反面に、熟議の不足があったということを指摘しているものである。

多様な参加者、ということでは、「先進国」と「開発途上国」からの参加者の間に、「科学」を巡る理解の相違が顕著であったことも、古谷の指摘として興味深い。前者は「科学」を純粋に「技術」と切り離された事柄として想定する。他方で後者は、「科学」といえば「科学技術」としてのみ想定する。古谷は、この違いを「キリスト教」の有無に由来するものとして分析している。[39]

その点、アジアは「きわめて独特」といえる。「先進国」らしき体裁を取りつつ「非キリスト教」的である地域。「この立場をいかに理解させるかは、会議を通してわれわれにとってもっとも困難な作業であった」と古谷は回顧する。[40]

この困難は、とりわけ日本からの発題者とそれに対する応答において顕著なものとなったことを、古谷は報告する。古谷は、日本から発題した三人について、順に批判を加える。

第一に、仏教者である真継伸彦の発題[41]について。[42]自然との共感を主張する日本の伝統を強調するその発題に対し、フロアから公害問題の現実との齟齬が指摘されたが、真継からの充分な応答はなされなかった。[43]

第二に、哲学者の柿内賢信の発題[44]について。[45]西欧自然科学技術の積極的な受け入れと消化に努めた日本として、今後一層、古い考え方を脱しなければならないし、同様に、西欧も他者との出会いに開かれなければならない、と主張する柿内については、「自己批判はしながら攻撃的」であった故に、同様の内容をしたに過ぎない他の発題者に「だいぶん得」をさせる結果となった。[46]

第三に、水俣病をはじめとする環境問題に取り組む宇井純の発題[47]について。[48]古谷はこの発題について、ほとんど関心を示していないかのように、批判もせず紹介をするのみである。

以上を踏まえ、古谷の評価は厳しい。以下の通りである。

これら三つの発表をうけとった聴衆の反応は、きわめて混乱したものであった。素晴らしい科学技術の発展、古い文化的伝統、そしてこれらとは全く正反対に見える激しい自然破壊と公害の国、しかも、石油を中心とする海外資源に深く依存しているはずなのに、将来の展望が提示されず、そして、アメリカ、アジアのひとびとにとっては、きわめてすみやかな海外への経済的進出のどれをとっても、互いに関連付けられる統一した日本のイメージが浮かび上がってこない。しかも、その内容を日本の代表に問うても、彼ら自身も、これらをそれほどひどいとは意識してないありさまは、理解を絶するとまで受け取られる危険がある。(49)

この混乱状態は、そのまま、フクシマ事故後の私たちの写し絵にも見えてくる。しかし、ここで一つの疑問が見えてくる。フクシマ事故の現場から考えるとき、古谷の宇井の発題への関心の低さはどうか。そういえば、古谷は、こうした混乱状態を呈した原因を以下のように記していた。

上記の困難性は、国際会議の性格について、それぞれが代表する国の特殊的状況を、共通のテーマにもりこむものという誤解をしていた、われわれ代表の責任も大きくあるように思われる。むしろ、この会議は、世界の最も危機的な側面について、教会がそれを防ぐためには如何にすべきかを共に見出し、そのための行動に立ち上がろうとするものであった。その立場から見た日本の印象は、極めて奇妙なものと想像せざるを得なかった。(50)

この原因理解は正しくないと思う。WCC第10回釜山総会のブース展示会場を思い出すと、そこには世界中の悲劇が、さながら博覧会のように、無数に展開していた。[51] そしてそれぞれが必死で、「それぞれの特殊的状況を、共通のテーマにもりこむ」努力をしていた。そもそも、誰が、「世界の最も危機的な側面」を特定するのだろうか。「統合」は、可能なのか、どうか。この一点において、古谷はナイーブに過ぎる気がする。実際のWCCの現場は、それぞれの地域から集う人々が「自分の問題をこそ」と代議員にロビー活動を行う「政治の場」でもあった。

古谷の認識の根本に違和感を覚えざるを得ない私はここで、古谷を離れて1979年の会議を検証する必要に迫られる。

3. 国際会議「信仰・科学技術・未来」の意義

以上、私たちは、金の予感と神田の評価と古谷の批判を手掛かりに、1979年の会議の素描を行った。その素描の中で十分に見えてこない事柄を、以下に論じる。それは核を巡る議論の中に見出される、「当事者参与」の欠損である。

（1）2014年の先取り

古谷と同じ誌面に、古谷と同程度の厳しい批判を、しかし古谷とは別の視角から、展開している者がいた。宣教師のアンソニー・カーターである。[52]カーターは以下のように厳しい批判を述べている。

ＷＣＣの「信仰と科学技術と未来」の会議にもこれがよく表されていた。すなわち、この会議は科学の問題点を革新的に分析する目的をもち、科学の再構成に導く新しい思考法を求めるものであったが、この会議が直面した問題は、社会学的なものであった。すなわち、参加者は学会にあるエリート意識と結びつき、学会外にある大衆との意義ある結びつきを見捨てていたのである。しかしこの会議そのものは、学会の外側にある人間、大衆のためのものであったはずである。

この問題をもう少し具体的に分析してみよう。まず、会議場に到着して最初に渡されたものは出席者名簿であった。これは大変印象的なリストであって、そのほとんどの人は有名大学や研究所に籍を置くものばかりである。教会関係参加者も神学大学の教師や、教会機構の重要ポストを示す肩書をもっており、それは、科学、技術、宗教界の著名人名簿を代表しているものであった。また、ほとんどの参加者は、いろいろな学会を代表した学位の連鎖的表示でもあった。
大学制度が作り出した慣習の中で、そのような人々は権力を象徴するエリート意識で知識の社会学を作り出しており、学位を連ねたその名前は、大衆の苦しみや、人間が直面している問題からは、しばしばかけ離れた存在の象徴でもあった。これは第三世界からの参加者の中にも顕著に表れていた。科学分野の学位を連ねた参加者たちの中では、技術の誤った適用によって苦しむ大衆へとつながってゆく実存的内容を追求したものは見当たらなかった。換言すれば、WCCのこの会議では、学問のエリート面が強調され、人々の苦しみや痛みに立って人間らしい科学や、それを求める未来を描き出すものはなかった。科学と技術の非人道的適用によって人間の苦しみはもたらされ、少数者の手にその富は握りしめられていることによって、今や世界は燃えているのに、ほとんどの参加者は、大衆を代表することはなく、討論は学術的・知的レベルで進み、「公正・参加・維持」等が時時現実とは関係なく提示された。このような科学のエリート性は、他の分野にも影響を及ぼし、人間の歴史を変革してゆくような科学と技術の実践とはかけ離れたものであった。

（中略）

WCCは例外なく著名学者を集めることによっても、社会問題に対しての最上の会議の結果が、必ずしも得られるものではないことを、未だに学んでいないようである。WCCは、学術界での名声度や、信頼度を考えるよりも、イエス・キリストの福音〔に〕こそ、貧しいもの、力のないものの福音である信仰に〔こそ、〕立つべきであろう。イエスは、自由のないものに解放の福音をもたらすため、大学卒業生たちを、この他の貧しきもののために拒まれたのであった[53]。

この指摘は厳しい。とりわけ、この時のWCCが「JPSS」と言った時の「P」は、「当事者参与（Participatory）」を謳ったものであったはずである。しかしその到達点に、この批判である。私たちはここから、何があったかを明らかにする「有」の歴史研究を離れ、何がなかったかを・そこにいなかった者が問う「無」の歴史研究に着手しなければならない。

（2）1979年の議論・1978年までの議論

1979年の会議における核の議論を参照するとき、上記の批判は厳しいものとして響いてくる。

エネルギー問題が集中的に討議されるセッションにおいて、マサチューセッツ工科大学教授の

D・J・ローズが、核エネルギーの問題について詳しく言及し、スリーマイル事故の事態を十分深刻なものと捉え、もはや核エネルギーの平和利用は「モラトリアム」を宣言されなければならないと明言している。[54] この発題を受けて、会議は、核エネルギーについて「他の代替案のない時に、目的を絞り、いつでも終了できるような仕方で」利用されるにとどめるべきであると明言した。[55] この点において、この会議は画期的であった。しかし、この会議において、この結論に強い反対意見が残された。「モラトリアム」は先進諸国の優位性を固定化して開発途上国からの収奪構造を持続的なものとする、とするナイジェリアからの意見。あるいは、核エネルギーの平和利用からの撤退は、原油輸出国から原油輸入国へと自国を転換させてしまうというソヴィエト連邦からの意見。その他の国々からも、既に核エネルギーを手中にしている諸国とそうでない国々との間の優劣が固定化することへの疑念が発せられている。[56]

WCC職員のパウル・アブレヒトは、この会議の直前である1978年、既にこれらの議論を先取りしてまとめ、論文として発表していた。[57] パウルは、議論が最後には平行線になる現状を丁寧に腑分けし、その解決のために必要なのは「当事者参与（participatory）」であると結論付ける。パウルがそのように結論付けるのは、2014年に金容福が回顧した1977年のザルツブルグの会議を反省してのことであった。

（3）当事者参与（participatory）

以上をまとめると、１９７９年の会議において、スリーマイル事故もあり、核の「軍事・平和」両面の利用の問題性が指摘されながら、とりわけ「平和利用」について異論が残ったが、それはそれまでの会議の繰り返しであった。私たちは今も、その繰り返しを見ている。[58] その解決の道として、当事者参与が求められていた。しかしそれは顧みられなかった。その顧みられなかった欠損に、可能性が感じられる。つまり、欠損の充足を望見する中に感取される可能性である。たとえば、大衆の不参加を１９７９年の会議の問題として抉出したカーターは、正しくも、以下のように述べていた。

今アジアの国々に輸出されている原発によってもたらされるであろう未来の問題に、この会議は耳をかたむけたであろうか。既に経済的搾取のために健康状態の低下しているアジアの人々が直面する、原発の放射能もれによる、苦しみについて語られたのだろうか。

ＷＣＣのこの会議にはこのような代表は誰一人としていなかったのである。原爆の被害者は代表されていたのか。水俣病の患者も技術の悪用によるＰＣＢ（ポリ塩化ビニフェル）によって毒された人々の代表もいなかった。これらの国々の代表は出席していたが、しかし技術の悪用により苦しむ人々の状況はここでは語られなかった(59)。

そこになかった事柄を想起することで見えてくる事柄がある、ということを、カーターの批判は私たちに伝える。

ただし、このカーターの指摘の最後は正しくない。宇井はこの1979年の会議に、公害に苦しみ放射能禍を拒否しようとする人々の息吹を吹き込もうとしていたのだ。その人々の運動は「抵抗」の消極性を取らざるを得ないこと、その理由は情報が権力者に握られていること、行政のセクショナリズムの限界が事態を正しく理解することを阻害していることなどを述べる宇井の議論は、ほぼ、現在のフクシマ事故の現場に通用する。そして宇井は、最後に以下のように議論を締めくくる。

この影響力ある会議に参加している皆さんに、私は次のように訴えたいと思います。つまり、私がお示しした日本の問題は、決して日本独特のものではないということ、むしろそれは、世界の環境問題において最初に鳴らされた警鐘であるということ、です。積極的でも消極的でも、どんな仕方でもいいので、当事者がこうした議論に参与する場面を増やすようにしてください。それは、一般の人々の内側にある力を呼び覚まし、公私の別なくあらゆる場面を通して自ら学び続けることで、可能になると思うのです。以上が、私が皆さんに訴えたいことでした。[60]

そして、この1979年の会議を経て、WCCは1980年8月14日から22日まで中央委員会を開催してこの会議を含めた越し方を反省し、翌1981年11月23日から27日にアムステルダム市のフリー大学で核兵器廃絶を取り扱う国際会議を開催する。そこには広島の被ばく者である岡本三夫、ムルロアでの核実験の被ばく当事者を代表してJ・ドゥーム等が証言者として参加している。[61]これは、「当事者参与」が拓く可能性を真剣に模索する歩みとして解され得る。その歩みの先で、被ばく者の声が反響する2014年の声明文「核から解放された世界へ」も生まれたと言えるだろう。

結：

2014年12月7日、WCC総幹事は奈良で行った説教において、「真理」を証言する少数あるいは一人の人の価値について強調した。そうした証言者は、現場にいる。その証言者の新しい「真実」

が、現場に輝く。それはしばしば、現場における言葉にならない呻き、あるいは祈りとなるだろう。それは会議とその資料の積み上げによって記される「歴史」が不可避的に帯びる深い欠損を埋めるものとなる。

本章は、２０１４年12月13日に行われたキリスト教史学会東日本部会での発表原稿に加筆したものである。その発表当日、ある歴史学者から、どうしてチェルノブイリ事故があったのに、２０１４年まで、ＷＣＣは、核エネルギーと原発の問題を真剣に議論できなかったのか、という質問を受けた。私の答えは明快であった。それは、「当事者参与」が欠けていた必然的結果であったのだ。

私は、本章において、ＷＣＣと核の問題を巡る歴史をたどり、そこに「当事者参与」の欠損を見出した。それは、現場の真実によって埋められるべく空けられた欠損であると信じる。その信憑があるところに、歴史に学ぶ意味が、はっきりと浮き上がってくる。そうして、現場の祈りもまた、逢着すべき場所を得るものと思われる。２０１４年の声明文は、巨大な欠損を抱える地球規模の組織体・ＷＣＣと、逢着する場を求めて彷游する現場の吐息あるいは祈りとが、邂逅し一つとなろうとする時に示す豊かさを、その内に湛えている。私はそう考え、その延長線上にフクシマ事故への支援を望見している。その作業こそが、「フクシマの神学」となることを信じて、である。

注

（1）http://www.oikoumene.org/en/press-centre/events/peacebuilding-and-advocacy-for-just-peace

（2）http://jpnews.org/pc/modules/mysection/item.php?itemid=1008

（3）その様子は、行本尚史「９条世界宗教者会議始まる　初来日のＷＣＣ総幹事も発題「９条は平和のための支柱」」http://www.christiantoday.co.jp/articles/14726/20141204/religious-conference-article-9.htm, その講演原稿は、http://ncc-j.org/uploads/photos/180.pdf を参照。

（4）http://johnizaya.com/archives/817/

（5）仙台キリスト教連合については、拙稿「教派教団を越えた働きについて」『聖学院大学総合研究所紀要』56号、２０１３年、１９３～２０６頁を参照。

（6）例えば私はこの時、２０１４年11月24日に東京で講演した内容（http://www.ustream.tv/recorded/55770737 8分55秒以下）に加筆したものを発表した。

（7）http://goo.gl/XD4TSp

（8）http://jpnews.org/pc/modules/mysection/item.php?itemid=896

（9）「ＷＣＣ議長 内閣官房長官に2声明手渡す」『クリスチャン新聞』２０１４年8月24日、２頁。

(10) 橋本典子「影論（スキアロジー）」『青山學院女子短期大學紀要』56号、２００２年、１８３〜１９８頁、http://ci.nii.ac.jp/naid/110000468197;「影の美学：スキアロジー（影論）試論」『日本の美学』35号、燈影社、２００２年、39〜51頁。

(11) http://www.chuko.co.jp/imamichi/lecture/71750.html

(12) 拙稿「現代神学における現場とは何か」『キリスト教学』52号、立教大学キリスト教学会、２０１０年、46頁。

(13) 拙著『日本におけるフォーサイス受容の研究　神学の現代的課題の探求』キリスト新聞社、２０１２年。

(14) 拙稿「被ばく地フクシマに立つ教会：マオ博士の講演に対する被災地からの応答」『聖学院大学総合研究所紀要』56号、聖学院大学総合研究所、２０１３年、１２５〜１３３頁；"The Church in Nuclear-contaminated Fukushima," *A Theology of Japan*, v. 7, Seigakuin University Press, 2014, pp. 67-71.

(15) 講演「フォーサイスの救済論・贖罪論・教会論」『大森講座』２０１３年11月17日（２０１４年7月に改訂を終え、２０１５年に出版の予定）。

(16) http://goo.gl/tgVUKX その日本語訳は http://goo.gl/nELaij にある。

(17) http://goo.gl/SbuLGf

(18) その様子は、拙稿「アジアと宗教の可能性」『中外日報』２０１３年12月19日、5頁、あるいは

http://goo.gl/p46ftd を参照。

(19) http://www.npf.or.jp/promote_peace/cn132/genshiryoku_sekai_kaigi.html

(20) 福島県キリスト教連絡会については、http://fcc-j.org/

(21) 拙稿「フクシマからプサンへ：世界教会に何を伝えるか」『福音と世界』２０１３年11月号、新教出版社、35～38頁。または、本書「おわりに」を参照。

(22) 東北ヘルプ「資料集・ニュースレター」第五号別冊、２０１４年、1～2頁。

(23) 東北ヘルプ「ニュースレター」第五号、２０１４年、3～16頁。

(24) http://www.tohoku-gakuin.ac.jp/volunteer/?p=13427

(25) 東北ヘルプ「資料集・ニュースレター」第五号別冊、２０１４年、1頁。

(26) http://www.niwano.org/files/research/12-12-04_presentation2_e.pdf

(27) このことは、本書１２９頁以下に詳述している。

(28) "Ecumenical Hearing on Nuclear Energy," ibid, pp. 27-29.

(29) Robinson Christian, "Environmental Concerns of the World Council of Churches," Union Biblical Seminary, Pune, https://www.academia.edu/2566737/Environmental_Concerns_of_the_World_Council_of_Churches の特に4頁以下に、行き届いた解説がある。

(30) 金容福「核問題とエキュメニカル運動」『原子力と私たちの未来』かんよう出版、２０１２年11月、

２７９頁。

(31) その記録は、*Faith and Science in an Unjust World*, World Council of Churches, Geneva, 1980 として出版されている。

(32) ＮＣＣ核問題研究会「キリスト者としていま生き方を問い直す」『福音と世界』１９７９年9月号、新教出版社、50〜53頁。

(33)『福音と世界』１９７９年11月号は、この会議の特集号の観がある。

(34) 神田健次「被造世界の生と死」『死の意味』新教出版社、１９９４年、２１０〜２１４頁。

(35) なお、この総会テーマは、「Just Peace」と「Justice and Peace」という二つの概念を巡って協議会内に厳しい議論が継続している中で策定されたものである。

(36) 私は、この問題を、２０１３年のＷＣＣ第10回釜山総会のアジア全大会での議論に触れて、痛感した。

(37) 古谷圭一「信仰・科学技術・未来」『福音と世界』１９７９年11月号、新教出版社、14頁。

(38) 同上、20〜21頁。

(39) 同上、21〜22頁。

(40) 同上、22頁。

(41) Nobuhiko Matsugi, "A Contemporary Buddhist's Critical Evaluation of Scientific and Technological Culture," *Faith and Science in an Unjust World*, v. 1, pp. 149-153. この発表と比較的近い時期における真継の論稿と

して、「仏教とコスモポリタニズム」『思想の科学』１９７１年３月号、思想の科学社、14～24頁。
(42) 古谷圭一「信仰・科学技術・未来」『福音と世界』１９７９年11月号、新教出版社、23～24頁。
(43) ただし、この会議自体の報告者は、異なった宗教者同士の対話が生み出されたこと自体を高く評価している。*Faith and Science in an Unjust World*, v. 1, pp. 152-153.
(44) Yoshinobu Kakiuchi, "Hopes and Difficulties of Science and Technology in Japan, Ibid, pp. 178-179. この発表と比較的近い時期における柿内の論稿として、「二重真理について」『アジア文化研究』11巻、国際基督教大学、１９７９年、19～30頁。
(45) 古谷圭一「信仰・科学技術・未来」『福音と世界』１９７９年11月号、新教出版社、24頁。
(46) ただし、この会議自体の報告者は、この「他者」への開かれた態度を要請する主張に注目している。*Faith and Science in an Unjust World*, v. 1, p. 193.
(47) Jun Ui, "People's Participation in the Control of Environmental Pollution in Japan," *Faith and Science in an Un-just World*, v. 1, pp. 352-360.
(48) 古谷圭一「信仰・科学技術・未来」『福音と世界』１９７９年11月号、新教出版社、23～25頁。
(49) 古谷圭一「信仰・科学技術・未来」『福音と世界』１９７９年11月号、新教出版社、25頁。
(50) 同上、22～23頁。
(51) 拙稿「アジアと宗教の可能性」『中外日報』２０１３年12月19日付、5頁。

(52) アンソニー・カーター「科学を民衆の手に」『福音と世界』1979年11月号、新教出版社、37～42頁。
(53) 同上、39～42頁。
(54) "Towards a Sustainable Energy Future," *Faith and Science in an Unjust World*, v. 1, pp. 241-253.
(55) "Energy for the Future," *Faith and Science in an Unjust World*, v. 2, pp. 89-104.
(56) *Faith and Science in an Unjust World*, v. 1, 260-262.
(57) Paul Abrecht, "The Curches and the Nuclear Energy Debate," *The Ecumenical Review*, v. 30, no. 3, July 1978, World Council of Churches, Geneva, pp. 220-230.
(58) 2014年春、ニューヨークで開催された核不拡散条約再締結の会合において、フクシマ事故の惨劇から核抑止を求めた意見に対し、強い調子で、所謂「発展途上国」から、「核は我々固有の権利である」という意見が出されたことを、仏教徒の友人が証言していた。
(59) アンソニー・カーター「科学を民衆の手に」『福音と世界』1979年11月号、新教出版社、40頁。
(60) Faith and Science in an Unjust World, v. 1, p. 360.
(61) Paul Abrecht ed., *Before it's too late: the challenge of nuclear disarmament*, World Council of Churches, Geneva, 1982.

アジアと宗教の可能性
――ＷＣＣ（世界教会協議会）第10回釜山総会に参加して

２０１３年10月30日から11月８日まで、韓国釜山において、ＷＣＣ第10回総会が開催された。世界中の教会から８２５名の代議員が出席し、その他参加者は３、５００名を数えた。この「その他参加者」として、東北震災への支援の感謝とフクシマの放射能禍の現況を世界に発信するべく、私は７名の仲間と共に、この総会に全日参加した。そこで学んだことは、世界の中の日本の課題であり、善意の限界であり、そしてアジアと宗教の可能性であった。

１「ＷＣＣ＝World Council of Churches（世界教会協議会）」とは

千年単位の歴史を経て、キリスト教はイスラム教・仏教・儒教と同様に、世界の広範囲へと伝播している。この伝播の中には人為的・戦略的に展開されたものもあった。日本で有名なのはキリシタン・バテレンの活動であろう。これは巨大なカトリック教会に対してプロテスタント勢力が蜂起した西欧の状況を背景に、カトリック側からの巻き返しとして、その信徒を新たに獲得しようとする運動であった。その後、黒船が来航する頃、プロテスタントもアジアおよび日本に信徒を獲得しようとする熱意を漲らせた。その時派遣された人々を「宣教師」と呼ぶ。

世界に版図を拡大しようとする熱意は、帝国主義の空気と一体化していた。そして世界大戦が二度も起こり、人類的な規模での反省に至った。特にアジア太平洋・アフリカの「植民地」から帰国した宣教師たちが、欧米のキリスト者に深い反省を促す触媒となった。そして1948年オランダでWCC第1回総会が行われた。これはプロテスタント側の反省の具現化であった。この運動に東方正教会も参加した。同様に、1962年に第二バチカン公会議が開催され、カトリック側からの（さらに徹底した）反省と刷新の運動が起こる。

このように、WCCの歩みは「植民地主義の反省」として確認することができる。そのように確認する時、2013年の第10回総会の意味と今後の展望が拓けてくる。

2　日本とWCC

日本にとってWCCは疎遠ではない。WCCは総会の他にも国際会議を開催しているが、その一つ「東北アジアの正義と平和会議」は1986年に静岡県御殿場で行われ、南北朝鮮の平和統一のために世界の教会が取り組む行程案を策定した。その成果は「東山荘プロセス」と呼ばれ、現在も平和構築を目指す国際的連帯の一端を担っている。

過去、日本は、WCCとWCCに統合されて行く世界的運動に、積極的に関与してきた。1948年以来7年毎に行われたWCC総会に日本人は中心的な役割を担い、第三回総会の開催地として東京が名乗りを上げ（結果はインドとなる）、1920年と1958年には世界キリスト教教育大会を東京で開催している。特に1958年の大会において、日本の諸教会は、主催国としてこれをアジア諸国への謝罪表明の場とするべく活発な国内募金を行い参加者を迎えた。

1954年に米国において行われたWCC第2回総会において、日本の教会は重要な役割を果たした。時まさにビキニ水爆実験による第五福竜丸事件が起こったばかりであった。日本代表団は日本から原水爆禁止の署名三万四千を集めて持込み、熱心に総会参加者を説得し、遂に「核兵器の禁止」を世界教会の名において宣言させるに至った。

そして今回のWCC第10回総会があった。私たち「東北ヘルプ」は福島原発爆発事故の現実を訴え、全ての核エネルギーへの否を世界教会として表明するよう働きかけを行った。その運動は2012年9月の仙台から始まり、日本・韓国・台湾・ニュージーランドを核とする世界的連帯を生み出し、「核から解放された世界を目指す決議文」を総会本会議に上程、採決を迫るに至った。本会議は議長による異例（異常?）の議事運営と、英国保守党国会議員でもある代議員の反対演説等があり、決議文を継続審議事項とした。その決定の際、議場は地鳴りのような苛立ちの声に騒然となっていた。

3　悲劇の博覧会・善意の限界

継続審議となった決議文は、世界教会の状況をよく示すものとなっていた。第一に、この決議文は「アジア太平洋」を主題としていた。第二にそれは、太平洋に展開する米軍基地（沖縄を含む）の生み出す悲劇への言及と共に原発問題を論じるものとなった。

キリスト教会の現状は、欧米からアジア太平洋・アフリカへと、その中心を移しつつある。中心が移りつつあるこの地域は、多様な文化宗教の坩堝であり、成長と活気に漲り、紛争と混乱の渦中にある。その中で、「福島原発事故」は、霞む。難民・貧困・誘拐・小児売春・大規模環境汚染・民族紛争・宗教迫害・巨大災害そして政治的腐敗。これらが剥き出しになっているのが、アフリカであり、そしてアジア太平洋である。そこでもし「自分たちの問題を！」とだけ熱心に訴えるならば、他の問題解決を阻害することも在り得る。それ程、問題が溢れ返っている現場に、今、世界教会は向き合っている。

ＷＣＣ会場には広大なブース展示場が設営され、世界中のキリスト者の奉仕活動の様子が紹介されていた。それは、さながら「悲劇の展示場」の様を呈した。私たち「東北ヘルプ」もニュージーランドと共同で「災害における教会の役割」を主題とするブースを展示し、２０１３年８月の福島第一原発爆発事故現場付近の様子を録画してビデオ上映した。私たち「東北ヘルプ」のブースの目の前は、国連による難民の写真展示となっていた。そこに映る難民の厳しい眼差しに見詰められながら、考える所は多かった。被害者が互いに足を引っ張り合うようではいけない。他の問題を自分の問題とできる、自分の問題を他の問題の中に見出して頂ける、そういう言葉が、必要だ。それがないから、私たちは負ける。ただの善意には、限界がある。一個の善意を超える広がりを獲得しなければ、善意の運動は、必ず負ける。

実際、厳しい緊張の中で決議文は作られた。基地の問題は喫緊の課題である。連日、世界のどこかの基地で悲劇が起こる。その犠牲者に連帯することを表明しなければならない。しかし、フクシマの問題もある。緊張感あふれる会議中、まず、基地の問題を訴える人々が原発の問題を訴える人々に宣言文の標題を譲った。そして宣言文の内容に、基地の問題が明記されることになった。原発を訴えた人々は、総会内プログラムにあった基地の問題を訴えるワークショップに大挙して参加し、感謝と連帯を表明した。こうして決議文は作成され、その決議文は翌年7月に行われる再議論の時を待った。

5　アジアの可能性・宗教の可能性

このWCC第10回釜山総会において、私はアジアと宗教の可能性を学んだ。アジアの可能性は「顔と礼」でつながるコミュニケーションにある。基地と原発は、論理的には全く別の議論となる。しかし、それぞれの問題を担う人間の顔が繋がる。譲り譲られる中に恩義と礼節が生まれる。それはアジア的文脈においては連帯の靭帯となる。多様性に溢れるアジア太平洋・アフリカにおいては、この種の連帯こそ求められるものとなる。

「核から解放された世界を目指す決議文」は採決に至らなかった。同様にWCCと前後して行われた世界宗教者平和会議（WCRP）世界大会においても、核発電所（原発）の非倫理性を明言する声明の発表は、日本側からの強い要望にも関わらず、見送られたという。

そして私はまた被ばく地フクシマの現場に戻った。可能性はこの現場にある。「原発と原爆は違う」「もっと科学的な検証を」「経済的発展の阻害だ」といった意見がある。しかしそれらの意見は、被ばくの現場において消え去る。現場で呻吟する人々の存在は、机上の空論を雲散霧消させる。だからだろう。現場の呻吟を、意図的に無視し、かき消そうとする空気も生み出されてくる。この空気に抗うこと。現場の呻吟に寄り添い、不安の中を歩む人々の人生に伴走すること。その為の希望を探し、絶望に抵抗すること。それが我々宗教者にはできる。だから我々は粘り強く声を上げ続ける。世界の良心と善意は、決して眠ってはいない。それらが動き出すまで、我々は現実の困難を乗り越え続ける。そこに、宗教の可能性が示されると信じて。

以上、WCC第10回釜山総会で私が学び取った一端を示した。

（中外日報掲載記事）

ポスト・フクシマの神学

――声明「核から解放された世界へ」の検討

1　本章の趣旨：現場の神学の展望

（1）本章に至る経緯

神はどこにおられ、どこを目指し、何をしているのか。

株式会社 東京電力福島第一原子力発電所爆発事故の影響を受けている地域（以下、フクシマとする）の現場に立つ一人の神学者として、私はこの三位一体論的問いと向き合っている。神学者として立つのは、その現場から学ぶ事象を教会の現実に接続することを目指すからである。

2014年7月、世界教会協議会（以下、WCCとする）は「核から解放された世界を目指して」

と題した声明文[1]を採択した。2014年7月2日から8日の日程で、WCC中央委員会がジュネーブで開催され[2]、2013年11月7日のWCC第10回釜山総会本会議で継続審議となった声明文案[3]が採択された。以下、その声明採択への働きかけから文案の作成にまで関わった者として、この声明が示す神学思想を検討する。それは、冒頭に掲げた問いへの答えを求めての検討となる。

この問いは、「現場の神学」を展望する作業となる。この作業について、私は2010年に以下のように記した。

現代神学における「現場」とは、神学の前提である。その前提を確保するためには、三つの課題がある。「場」の贖罪論・《場》の救済論・「現場」の祈祷論である。現代神学において現場とは、「場」の供儀によって知られる《場》の救済に向かう祈祷の場となる[4]。

2010年の結論は、震災後に神学する上での踏み台となった[5]。とりわけフクシマの課題と向き合う中で、2013年まで「現場」の祈祷論が検討され[6]、2014年まで「場」の贖罪論が検討された[7]。

（2）本章の目指すもの

本章では「《場》の救済論」の検討を行いたい[8]。これは組織神学と実践神学の架橋を歴史神学の助力を得て行う「ポスト・フクシマの神学(フクシマ以後の現場から生まれる神学)」望見の試みである。

（3）本章の構成

まずＷＣＣが核とどのように向き合ったのか、日本との関わりの中から確認する。次に最新の議論の中から声明「核から解放された世界へ」の意義を確認する。そしてそこから「無辜の犠牲者の叫び」と「加害者としての罪責告白」とが一体となる中に「一位二性論（二性一人格論）」解釈の新たな可能性を確認し、そこに「《場》の救済論」を模索する。

以上が本章の要旨である。

2　WCCと核と日本：「Fukushima」への道

（1）2014年の総括

声明「核から解放された世界へ」には「核（原子力）についての教会的判断」と題された章がある。この章において、２０１４年までのＷＣＣがたどった核（原子力）問題への取り組みの軌跡が総括されている。以下のとおりである。

１９４８年に行われたＷＣＣ第1回総会は、「原子力爆弾」および他の近代兵器による戦争について、それは「神に対する罪であり、人類の品位を落とすものである」と表明しました。その時以来ずっと、教会はその政策の中で、核の脅威に言及してきました。

これがその総括である。

この声明において、その軌跡の具体的な説明は、１９７０年代から始まる。ＷＣＣは１９７５年の第五回総会で「核発電（原子力発電）と核兵器（原水爆）」の両方が「核廃棄物による有害物質と核（原子力）テクノロジーの拡散をもたらす」ことを指摘し、そこに「倫理的ジレンマ」があることの警告を発した。続く1９８３年の第六回総会では「核兵器（原水爆）については、その使用と同様、その保有もまた、人道に対する罪と看做し、これを違法とする国際法の枠組みを作るように」と呼びかけた。そしてチェルノブイリ事故が起こり、１９８９年に「核（原子力）エネルギーについての審議会」がＷＣＣによって開催される。そしてＷＣＣは２００６年の第九回総会において「核兵器廃絶についての覚書」を提示し、それを実現する形で、「アフリカ非核地域構想」が成立した。そしてWCCは２０１１年にジャマイカで「国際エキュメニカル平和会議」を開催し、「核兵器（原水爆）の完全廃絶」を呼びかけ、同時に２０１１年の福島第一原子力発電所による災害を受けて、「原子力は、もはやエネルギー源としてあてにしてはいけないものであることが、再びはっきりと証明されました」と宣言した。こうした動きが波及し、国連が２０１３年に武器貿易条約を策定する際、そこに「人道と人権」という評価基準が付帯される一助となった。そして２０１３年のWCC第10回総会は「韓半島の平和と統一」と題した声明を発表し、「北東アジアにおける核発電所（原子力発電）と核兵器（原水爆）を廃絶すること」を求めた。

以上が声明「核から解放された世界へ」が総括するWCCの歩みである。それは、核（原子力）への総合的な否定となっている。それは軍事・民生を問わず、また、使用はもとより、ウラン採掘から製造、保管に至るすべてのプロセスにおいて、核および原子力の存在を認めない立場へ進み行く歩みとして、総括されている。

（2）総括から漏れたもの

この総括から漏れたものがある。それは、「原子力の平和利用」を巡る、WCCの立場の揺れである。それは、上記総括の中で空白となっている１９４８年から１９７５年の間に認められる。

あるＷＣＣの公式文書によると、１９５５年、ＷＣＣ中央委員会および「国家間の問題に関わる教会委員会（Commission of the Churches on International Affairs 以下、ＷＣＣ―ＣＣＩＡと略）」は、「核の平和利用」を推進して「核廃絶」が成し遂げられるように、と訴えた。[9] この当時もっとも原水爆に厳しい態度を取っていたと思われるキリスト教絶対平和主義者からも、「水爆の原理の重要な平和的な利用を発展させる可能性」が語られた時代であった。[10] その時代の雰囲気は、１９５４年のＷＣＣ第２回総会で承認されたレポートにも明らかである。そのことは以下のように記されている。

１９５４年に行われた第２回ＷＣＣ総会で、「国際紛争の中のキリスト者」と題されたレポートが、国際部より提示された。それは、核兵器に対する国際的調査および制御効果的になされなければならないと訴えるレポートであった。またそのレポートは、核兵器の実験を終了させなければならないと訴えていた。それは以下の通りである。

「私たちは万国に向けて、次のように呼びかけ訴えたいと思います。つまり、『水素爆弾と原子力爆弾、そして他のあらゆる大量破壊兵器から手を引くように』という呼びかけです。

この呼びかけは、『他国の領土の統一を脅かしたり、その政治的独立を脅かしたりするようなことをやめるように』という呼びかけと同じように大切な訴えだと思っています。

この呼びかけが台無しにされるような事態に至れば、国連憲章に基づいた集団的安全保障が検討され、それにふさわしい国際的措置が準備され、各国の自衛権が確認されることになるでしょう。侵略を抑止しそれと闘うあらゆる手段が、国連憲章において確保されているはずであると、私たちは信じています。そしてまた、国連加盟の各国政府はそれぞれ、国家間の安全保障のための必要最低限度にまで軍事行動を抑制するよう、キリスト者が訴えるべきであると私たちは信じています。

しかしそれだけでは不十分なのです。無防備な市街で故意に大量破壊兵器が用いられることに対して、諸教会は、非難の声を上げなければなりません。たとえそれがどんな手段によってなされ、どんな目的をもっていたとしても、です。侵略の恐れが懸念される全ての場所に、国連の平和委員会の人々が自動的に駐留できるよう、WCC―CCIAや様々なチャンネルを用いて、教会は圧力をかけるべきです。キリスト者は人類の利益を引き続き強く追い求めるべきなのです。

水爆実験についても目を向けなければなりません。それは人権の問題を提起しています。

それは苦しみの源となり、国民同士の間に余計な緊張を持ち込み、国際関係を緊迫させます。従って私たちは次のように言わなければならないのです。核実験を行う国家は、その国家の領域内でのみ、その実験を継続するか、さもなければ、国際的な許可と同意を得てはじめて、実験が継続されるものとしなければならない、と。[11]」

軍事力による抑止効果を信じ、しかし同時に軍縮を目指す、という姿勢がここにはっきりとしている。2014年の声明「核から解放された世界へ」が、この軍事力による抑止という思想を拒否していることと、これは好対照である。また、核実験についても、それは「国際的な許可と同意」を求めているに過ぎず、そこに放射能の問題はまだ自覚されていない。これらは時代的制約の結果とみるべきだろう。しかし、そこに、はっきりと、核実験への制限が宣言された。それは決して自然の流れではない。それは時代的制約に挑戦した先達の努力の痕跡である。その先達の中に、日本の教会も加わっていた。

（3）日本の教会の貢献

1945年に二つの原子爆弾を投下された後、日本国内では、原爆に関する言説は米国の機密に触れるものとして封じ込まれていた。[12] この間、日本人一般の意識の中で原爆について語ることがタブー視されたことは想像に難くない。[13] 1946年に植村環が米国長老教会の招きによって訪米した旅行記においても、複数の米国人から原爆投下のお詫びを受けたことを記しつつ、自身の米国での講演内容に原爆の痕跡を残さなかったことは、その背景に存在した空気の存在を示唆しているように見える。[14]

この状況が一変したのが1954年3月であった。「第五福竜丸事件」として知られるビキニ水爆実験の影響である。日本の教会も、他の人々と共に、盛んに原水爆について「被害者」として声を上げた。[15] そしてその年、ほかならぬ米国エヴァンストンで、第2回目のWCC総会が開催されることになっていた。[16]

ここで注目すべきは、1954年5月10日付で発表された「ビキニ水爆実験に関しアメリカ教会に訴える書翰」[17] である。これは、井上良雄が起草し、[18] 日本基督教団平和問題特別委員会が同常任常議員会に提出し、「教団の名において国内に公表し、その英訳コピーを米国その他先に当てて発送した」もの、と報じられている。[19] その海外の送付先は、米国教会協議会やWCC総幹事等、WCC総会に影響を与え得る人物であった。その内容は以下のように要約される。

原水爆問題を単に23名の日本人漁夫の被害の問題乃至は日本人の安全という立場からのみ問題にしているのではなく、最も切実な人類の危機の問題として、歴史の審判者・救済者なるキリストに従う教会への問として取り上げ、全世界の教会が共同の祈りと応答とを具体的に効果的になし得る方途を探究した。[20]

この書簡は世界的に好意的に受け止められ[21]、米国エヴァンストン市で行われるWCC総会に影響を与えた。日本国内では宣教師の中から厳しい反論が生まれ[22]、活発な議論[23]が惹起された。

こうした流れの中で、1954年8月にWCC第2回エヴァンストン総会が開催された。日本からは三万四千通に及ぶ原水爆反対の署名が送られ、原水爆実験の中止および大量殺戮兵器の使用の禁止が総会の意志として表明されるに至る。[24]後にこの総会は「核の時代における戦争の抑止」をWCCが検討し始める切っ掛けとなった、と評価されるものとなる。[25]

(4) 世界教会の変化の軌跡

核実験の制限をWCCが求めるこの第2回総会は、WCCの核廃絶運動の最初の一歩となった。それは日本から発せられた犠牲者の声に押されてのことであった。教会が、犠牲者の声を受け止めること。それが、平和へ向かう一歩となる。

しかしそれは時代的な制約の中にあった。それは軍事力による抑止力を肯定し、放射能の問題に無自覚である。この限界を超えて行く変化は、1966年のWCC中央委員会において確認される。この時、地下核実験の問題を取り上げた中で、核エネルギー（原子力）への拒否が語られ始める。その変化は、核エネルギーを生み出す発電所が容易く核兵器に転用されるという問題意識から始まった。(26)

この後、WCCは核（原子力）そのものの検討を進めることになる。それが1975年の「核（原子力）エネルギーについてのエキュメニカル・ヒアリング(27)」であり、その成果がWCC第5回総会へとつながっていったことは、声明「核から解放された世界へ」に示された総括の通りである。この流れの中で、1978年にWCC―CCIAが開催した会議（開催地名を取って「グリオン会議」と呼ばれる）は「軍拡競争と軍縮の戦略」と題した報告書を提出し、「平和利用」の核が軍事利用に転換される危険性について明記した。(28)

その後、核（原子力）への疑義は、あくまでも核兵器廃絶の運動の一環として展開した。(29) それがさらに一歩前に進むきっかけとなった事件が、東日本大震災とそれに伴う原子力発電所の爆発事故である。

２０１１年5月18日から25日、ジャマイカ・キングストン市にて行われた「国際エキュメニカル平和会議」は環境問題を主題化する中で、「神に栄光 地に平和」と題された声明を発表し、[30]以下のように Fukushima の語を使って核エネルギー（原子力）への反対を表明した。

核エネルギー（原子力）について、我々はもはやそれをエネルギー源として頼りにしてはいけないのだと、フクシマは再び私たちに知らせました。[31]

震災直後・原発爆発事故直後の時期に、日本キリスト教協議会からの正式代表が参加して開催された会議であったのに、Fukushima への言及はわずかこの一文だけである。[32] このことに、複数のＷＣＣ関係者が非常な危機感を募らせた。ＷＣＣ第10回釜山総会まで、もう残された日数はわずかであったからである。その危機感を醸成したことも含めて、この２０１１年のジャマイカでの会議は、一つの転機となった。[33] その後、私もまた、ＷＣＣ第10回釜山総会で Fukushima が主題化されるための運動に呼び出されることになる。[34]

3　声明「核から解放された世界へ」への道

（1）「福島信仰宣言」の意義と限界

その運動の最初の到達点は、2012年に行われた「原子力に関する宗教者国際会議[35]」であった。この会議において張允載が行った講演「核から解放された世界に向う出エジプトの旅路――脱核（脱原子力発電所）と生命平和連帯を提案して[36]――」は、「Toward a Nuclear-Free World」という言葉に「出エジプトの旅」のイメージを結び付ける神学的な労作となった。[37] 現代神学を批判的に分析した上で、民衆神学の成果を核（原子力）問題に接続し、無辜の犠牲者にイエスの十字架を見て取り、「罪」のメタファーとして「核（原子力）」を想起する、という作業に成功したこの講演の価値は、大きい。そしてこの会議は「福島信仰宣言[38]」を発表する。その宣言は以下の一点を強調したところにその価値がある。

核兵器と原子力は、実にひとつのコインの両側であって、政治、軍事、経済の複合体が、自分たちの利益のために創りあげたものです。

以上はすべて、声明「核から解放された世界へ」に結実して行く。

こうした意義を持つこの会議は、しかし、一つの限界を帯びていた。[39] この宣言の理念となった

「命こそ宝」が帯びる限界である。この理念は沖縄の基地を巡る闘争の中から生まれた。フクシマをオキナワに結び付ける上でこの理念は意味を持った。[40] しかし、この点に、声明文「福島信仰宣言」の限界性はある。それは上記張允載の神学的洞察が提起し想起させる限界性である。まず、「命」といっても「どの命か」という問いが提起されなければならない。たとえば出エジプトの物語は、「ファラオの家」と「奴隷の家」のそれぞれの命を等しくは扱っていない。その上でさらに、「命そのもの」の上位に置かれる価値の可能性もまた、想起させられる。この後者の想起において、我々は『クリトン』末尾でのソクラテスの言葉、あるいは『ヨハネ福音書』12章25節を思い出し、「犠牲の論理」の危険[41]に接近する冒険を犯すことになる。しかしそれでもこの点から離れてはフクシマの現場の問いに答えることはできないと思う。[42]

（2）2013年版「声明文案」の限界と価値

その後、断続的な会議が「原子力に関する宗教者国際会議」に参加した者の間で展開した。そして2013年10月30日、釜山総会が開催される。開始後すぐに公共問題を取り扱う委員会への審議要請の請願が公募された。20名ほどの人々が会場内の「カフェB」に集まった。その集まりは「釜山ネットワーク・カフェ」と呼ばれた。すぐに「公共課題検討委員会への請願書：核から解放された世界に向けた声明を求めて」と題される請願書が完成した。32の加盟教会から85の代議員が署名した。しかし世界には尚多くの問題があり、請願の提出が相次いだために、「同じ東アジアの問題」である海軍基地の問題と共に、核（原子力）の問題が議論されることになった。その結果二つの問題を同時に扱うものとなった声明文案は、分科会・全体会での積極的な議論にもかかわらず、審議未了となり中央委員会に付託されることになった。

世界に問題が無数にあるということ。そのことが、この時の声明文案の限界を生み出した。しかし、そこに込められた多くの情熱が、審議未了となった結果、いよいよ昂じた。「釜山ネットワーク・カフェ」の団結は強まり、文案の校訂が重ねられることになった。そこに、この声明文案の価値があった。

（3）「東日本大震災国際会議宣言文」の限界と可能性

２０１３年11月7日、声明文案は２０１４年7月2日から開催されるＷＣＣ中央委員会に付託された。この11月から7月までの期間に「日本基督教団東日本大震災国際会議」が開催された。その会議の議論は「宣言文」に結実する。(43) そこには限界性があり、その限界性が可能性を生み出した。

限界性と可能性は、それが諸教会の参加による会議であったことと、そしてそれが日本・仙台で行われたことから来る。その会議の構成からして、それは教団を縛る政治的な拘束力を持たない。ただ、そこに参加した一人一人の良心の告白として表明される点、道義的な拘束力を持つ。その性質に相応しく、また、それが生み出された地理的条件に相応しく、それは「罪の告白」と「祈り」に多くの言葉を費やしている。それはちょうど、1954年の日本の状況に似ており、また決定的に違っている。1954年も2014年も、日本の教会は「当事者」として発言し、議論を呼び、世界の教会に影響を与えた。その点は似ている。しかし60年前の議論において、そこに罪の告白はなかった。それでそれは、ある種の「感情に走っている……あたかも脅迫しているような語調」を読む者に感じさせ、異論も呼び起こした。[44] それから60年後の議論の成果は、罪の告白となった。それは読む者の心を打つものとなった。[45] そしてそれを受けて、2014年7月、声明「核から解放された世界へ」が作成・採択されたのであった。

4 終わりに：声明「核から解放された世界へ」の意義

以上のようにして、声明「核から解放された世界へ」は完成し採択された。その経緯を含めて、その意義は以下の三点にまとめられるだろう。

（1）無辜の叫び：理想が想起させる理念の、現実が想起させる現場への受肉

我々は皆、憧れ目指しつつ決して到達できない理念（idea）と、この世界がむき出しに露出している「ものそれ自体」の現場（res）の間に生きている。誰も、理念を手にすることはできず、また、現場と一体化することはできない。ただ、それぞれの分限に応じて理想（ideale＝「idea っぽいもの」）を胸に抱き、現場の表層を触る様な現実（reale＝「res っぽいもの」）にまみれている。

恒久平和と言い、戦争の終った世界という、それらはすべて、理念である。我々の誰も、その全貌について、想像することすらできない。ただ、それらしき理想を描く。それは例えば「核から解放された世界」である。

また我々は、時に現場の呻吟に呼び出される経験をする。私たちは決して現場を所有することはできないし、できると夢想してはいけない。[46] ただ、理想を抱きながらそれを裏切る自分に、現場の呻吟によって気づかされる。理想が裏切られる現実の中で、現場から無辜の叫びが上がる。その時、理念の欠損が痛感され、理念への憧れが昂進する。

理想と現実の間でのたうち回りながら、我々は理念が現場に受肉する奇跡を見る。例えば世界中に広がる被ばく者たちの声に、恒久平和の必要であることを思い出させられるという時が、そ

の奇跡の時である。それは、現場の無辜の犠牲の声が我々に理念の欠損を気づかせる、という奇跡である。

声明「核から解放された世界へ」は、そうした奇跡を表現するものとなった。それは現場の声に聴き、そこから回心（メタノイア）することを呼びかけるものとなっている。

（2）「私たち」がこの宣言を引き受けることの意味（私たちとは、だれか？）

その時、私たちは自分がだれであるかを問われる。核（原子力）を必須としようとする、言い換えれば、放射線被ばくの苦しみを「必要悪」とする諦念の上に成立する自分たちの社会とは何であるかが問われる。声明の前半は、まさにそのような社会を丁寧に描写するものとなっている。またこの声明は、犠牲者の声を、ウラン採掘鉱労働者から核実験場の人々、ヒロシマ・ナガサキで被爆・被ばくした韓国人の子孫、そして原発労働者とその事故の犠牲者の声に聴こうとしている。フクシマはその一つに過ぎない。世界には、連綿と犠牲者を生み出し続ける仕組みと手続きの静かな猛威がある。そして、カナダのウラン鉱山労働者・被ばく者が原爆制作の一端を担ったことを謝罪しに広島・長崎を訪れたエピソードを紹介して現場の声を聴きとり始めるのが、この声明である。そしてこの声明を前に我々は問われる。我々は、どんな方向性から舵を切って回心（メタノイア）するのか。その問いから、罪の告白の具体的・現実的な成立が見えてくる。

（3）「贖罪」と「回心」の二つの信仰実践の新たな可能性の提示

我々はここから神学的な一歩を踏み出すこともできるかもしれない。「無辜の犠牲者の叫び」と「加害者としての罪責告白」とが一体なる中に、新しい「一位二性（二性一人格）」解釈の可能性を語ることである。そういえば、20世紀初頭に英国の神学者フォーサイス（Peter Taylor Forsyth）はこう語っていた。

キリストの業とは、罪に対する刑の承認と義認であり、キリストの死の中にあって神の審判と神の聖を「告白」［“homologation”］することであった。[47]

「無辜の犠牲者の叫び」は神としてのキリストの贖罪に象徴されるだろう。それは超越からの声である。それは人間が所有も支配もできないし、してはならない。それは聖なるものである。そこには犠牲者と共にいる神の声が聞こえる。

「加害者としての罪責告白」は人としてのイエスの刑死に象徴されるだろう。彼は思想犯として逮捕され政治犯として処刑されたのだから。伝統的に、教会はそれを人間の罪の究極の姿として理解してきた。

重要なのは、この二つが完全に一つとなることである。二つは一つとなって初めて、人を救う。二つが分離する時、「無辜の叫び」の代弁者となって正義の剣を振り下ろす暴虐と、罪責感に押しひしがれた反動で居直る傲岸が生まれる。

なぜ、ここで神学的に抽象化したか。それは、現場から生まれた一つの教会政治上の運動が全教会的な広がりを確保できればと願ってのことである。フクシマの現場はまだこれからその姿を現す段階にある。我々はその入り口に立っているに過ぎない。この時・この場から、引き続き、全国・全世界の教会との対話を続け、教会的実践への展開を望見し続けたいと思う。

注

（1）http://goo.gl/tgVUKX その日本語訳は http://goo.gl/nELaij にある。

（2）http://goo.gl/SbuLGf

（3）その様子は、拙稿「アジアと宗教の可能性」『中外日報』２０１３年12月19日、５頁、あるいは http://goo.gl/p46ftd を参照。本書第二部「アジアと宗教の可能性」は、その加筆修正したものである。

(4) 拙稿「現代神学における現場とは何か」『キリスト教学』52号、立教大学キリスト教学会、2010年、46頁。
(5) 拙著『日本におけるフォーサイス受容の研究——神学の現代的課題の探求』キリスト新聞社、2012年。
(6) 拙稿「被ばく地フクシマに立つ教会：マオ博士の講演に対する被災地からの応答」『聖学院大学総合研究所紀要』56号、聖学院大学総合研究所、2013年、125〜133頁。
(7) 講演「フォーサイスの救済論・贖罪論・教会論」『大森講座』2013年11月17日(2014年7月に改訂を終え、2015年に出版の予定)。
(8) この課題を巡っては、拙稿「『逃げたいのに逃げられない』現実と、どう向き合うか」『聖学院大学総合研究所紀要』58号、2014年、106〜109頁も、参照されたい。
(9) *Disarmament on the WCC agenda: POLICY DOCUMENTS & BACKGROUND INFORMATION, Co-mmission of the Churches on International Affairs of WORLD COUNCIL OF CHURCHES,* November 2003, p. 5. http://ploughshares.ca/wp-content/uploads/2003/11/WCCandDisarmament.pdf あるいは http://goo.gl/Dxemjf を参照。
(10) A・C・クールソン「キリスト者と水素爆弾」『福音と世界』1954年10月、56頁。同様の限界性は、たとえば植村環「アイゼンハワー夫人への公開状」『植村環著作集』3巻、新教出版社、283頁。こうした限界についての指摘は、木村公一「1950年代の日本のキリスト教における原子力問題」

http://goo.gle/oO2GsJ.

（11）Ibid, pp. 4-5.

（12）中尾麻伊香「放射線を巡る医学調査：原爆調査からビキニ被災調査まで」『生物学史研究』87号、日本科学史学会生物学史分科会、2012年、27頁以下、http://goo.gl/ZdYVrS。

（13）実に第五福竜丸事件の際にも、ビキニ水爆実験時に放出された「死の灰」を船員が浴びたことを日本国内で証明し報道したことについて、米国政府が日本政府に「圧力」をかけたことを報じている記事として、『毎日新聞』2014年3月2日を参照。

（14）植村環「わが旅の記」『植村環著作集』新教出版社、1984年、174頁以下：「私の歩んだ道」『植村環著作集』3巻、新教出版社、1985年、149頁以下。とりわけ、植村が1954年6月に「アイゼンハワー夫人への公開状：現・水爆災害を世界に訴える」を『婦人公論』に発表し（『植村環著作集』3巻279頁以下）、1955年には「世界平和アピール七人委員会」の一人となって原水爆実験反対運動を展開したこと（同書、286頁以下）を比較して考えると、この推測が成り立つ。

（15）岩波書店の雑誌『思想』は1954年8月号（362号）の特集を「水爆――そのもたらす諸問題」とし、15名による論稿を掲載した。その一つは、井上良雄によるものであった。またその付録には「原水爆に関する決議・聲明」と題して「日本の學會ならびに宗教團體による」と副題をつけ、宗教団体からの声明として日本基督教団の声明を唯一の宗教団体からの声明として、13の諸学会からの声明と共に掲載した。そして、キリスト教以外の人々の運動については、丸浜江里子『原水禁署名運動の誕生』凱風社、2011年を参照。

(16) この4年前、WCC中央委員会が水素爆弾の発明を「最も恐るべきもの」「創造者に対する人類の反逆」「道徳律に反すること」「神に對する罪」「神の聖前に責任を負はねばならぬこと」「回避することの出來ない責任」といった強い言葉遣いで指弾しつつ、原水爆に反対する声明を出したことが、日本の教会内で報じられていたことは留意すべきことだと思う。「水爆問題に対し：世界教會々議聲明を發す」『基督教新報』2685号、日本基督教団、1950年3月18日、3頁。

(17) 日本基督教団宣教研究所教団史料編纂室『日本基督教団史資料集』日本基督教団出版局、1998年、239〜240頁；「ビキニ水爆に關しアメリカ教會に訴える書翰」『基督教新報』2897号、日本基督教団。

(18) 「日本・水爆・アメリカ」『福音と世界』1954年7月、新教出版社、43頁。

(19) 「教團の水爆実験に対する内外の反響」『基督教新報』2909号、日本基督教団、1954年8月7日、3頁。

(20) 同上。

(21) 同上。あるいは、「原子力問題に関する海外キリスト教界からの反響」『協調時報』53号、日本基督教協議会、1954年、2頁。

(22)「アメリカ教会に訴える書翰」を読んで」『福音と世界』1954年7月、新教出版社、36～37頁；「ストーン氏の批判」『基督教新報』2900号、日本基督教団、1954年6月5日。

(23)「日本・水爆・アメリカ」『福音と世界』1954年7月、新教出版社、38～52頁。

(24) W. A. Visser't Hooft, ed., The Evanston report : the second assembly of the World Council of Churches, New York : Harper & Brothers, 1954, p. 130f. とりわけ ibid, p. 134. この会議中、賀川豊彦は、核および原子力について、その平和利用にまで及ぶ議論を喚起したことは、pp. 145-146;「エヴァンストン会議から帰って」『福音と世界』1954年10月、新教出版社、45頁：小崎道雄「世界教会会議で我々は何をしたか」『基督教新報』2919号、日本基督教団、1954年10月17日；竹中正夫「タナエルの信仰――エキュメニカル運動における小崎道雄――」『キリスト教社会問題研究』32号、同志社大学人文科学研究所キリスト教社会問題研究会、1984年、6～7頁。

(25) Ecumenical News Network, http://goo.gl/sqKEm1.

(26) Disarmament on the WCC agenda, pp. 21-22.

(27) "Ecumenical Hearing on Nuclear Energy," ibid, pp. 27-29.

(28) "The Armaments Race and Strategies for Disarmament," ibid, pp. 31-34. 尚、この会議において、北朝鮮および韓国の教会が出会い共に聖餐の食卓を囲んだ。その4年前に日本から始まった「東山荘プロセス」の一つの到達点として記憶されるこの「グリオン会議」において、「核の平和利用」への反対表明が、原発の核兵器への転用という危険を念頭に明記されたことは、その後の歴史を考えるとき、意義深いものと思われる。東山荘プロセスとグリオン会議については、富坂キリスト教センター編『北朝鮮の食糧危機とキリスト教』新幹社、２００８年、１６３頁以下、および、「東アジア共同体」の構築と「歴史認識」の相違：日本のキリスト教運動の取り組み」『商学論究』60（１／２）号、関西学院大学、２０１２年、５４９—５６６頁を参照。

（29）その行き届いた議論は、とりわけ Ecumenical Consultation on Nuclear Energy, Bossey, Switzerland (1978) で展開された。Ibid, pp. 34-38.

（30）"Glory to God and Peace on Earth: The Message of the International Ecumenical Peace Convocation." この会議の報告書として、Mathews George Chunakara ed., Building Peace on Earth: Report of the International Ecumenical Peace Convocation, World Council of Churches Publications, 2013, http://goo.gl/0L0Zos ; Neal Blough, James Jakob Fehr, Harcourt Klinefelter, Davorka Lovreković, Kees Nieuwerth, Janna Postma, Marie-Noëlle von der Recke, *God of life, make us instruments of your peace and justice—— A Peace Church contribution to the WCC's Just Peace Process: From Kingston to Busan and Beyond from the Church and Peace Theological Working Group*, http://goo.gl/GgXoEN.

（31）*Building Peace on Earth*, p. 44. を参照。

（32）このことへの批判は、"International Ecumenical Peace Convocation WCC Kingston Jamaica," http://goo.gl/1G-

Gw0j, p. 7 にこう書かれている。 Another criticism was that –although this was also addressed at Kingstonno mention was made of nuclear energy. Now it says that the nuclear disaster at Fukushima yet again shows that we should not rely on nuclear energy. あるいは、上記注30の *God of life, make us instruments of your peace and justice.* には、Fukushima の一文字も見られない。

（33）キングストンでの会議が Fukushima へのＷＣＣの関心につながったことへの言及として、オラフ・トヴェイトＷＣＣ総幹事の震災一年を覚えての挨拶（Anniversary of the Fukushima nuclear disaster (11 Ma-rch 2012) "Tribute to the victims of Fukushima nuclear accident from the World Council of Churches general secretary"）には以下のように記されている。The aftermath of earthquake and tsunami in Japan raises urgent questions concerning nuclear energy and threats to nature and humanity... The nuclear catastrophe of Fukushima has proved once again that we must no longer rely on nuclear power as a source of energy. http://goo.gl/CsOAY4

（34）その間の経緯は、拙稿「フクシマからプサンへ：世界教会に何を伝えるか」『福音と世界』68（11）号、新教出版社、２０１３年11月、35—38頁、もしくは、本書「おわりに」を参照。

（35）その行き届いた記録は、http://goo.gl/4zoJGp にある。

（36）http://goo.gl/G1E4QG

（37）会議に参加した日本の仏教者が、この講演を聞いて感嘆の声を上げていたことを、私は印象深く記憶している。尚、同様の示唆を与えるものとして、木村公一「原子力支配＝いのちの序列化からの「出エジプト」『原発とキリスト教――私たちはこう考える』新教出版社、2011年11月を参照。

（38）http://goo.gl/6cjEca

（39）このことは、この会議に参加した金容福との対話の中で確認したことである。

（40）現代において、世界に問題は無数に発生する。一つ一つを結び付けることが、一つ一つの問題の解決のために重要である。

（41）高橋哲也『犠牲のシステム　福島・沖縄』集英社、2012年；荒井　献・本田哲郎・高橋哲哉『3・11以後とキリスト教』ぷねうま社、2013年。

（42）拙稿「補論　民主主義の危機」『キリスト教文化』かんよう社、2014年を参照。あるいは「3・11以後の宗教の取組み」『宗教研究2014』国際宗教学研究所、2014年、http://goo.gl/lntH0a 213頁以下を参照。尚、この議論こそ、「はじめに」で述べた『「場」の贖罪論』の入り口となる。

（43）http://goo.gl/krB3yW

（44）「ストーン氏の批判」『基督教新報』2900号、日本基督教団、1954年6月5日。

（45）これは、私が韓国・台湾で「東日本大震災国際会議宣言文」の内容を報告した際に得られた実感でもある。

（46）G・C・スピヴァク『サバルタンは語ることができるか』上村忠男訳、みすず書房、1998年。

（47） Forsyth, *The Work of Christ*, 2nd ed., London: Independent Press, 1952, p. 157;『贖罪論』茺原八郎訳、長崎書店、１９３９年、２１８―２１９ページ；「キリストの働き」『現代キリスト教叢書』大宮 溥訳、白水社、１９７４年、３０７頁。

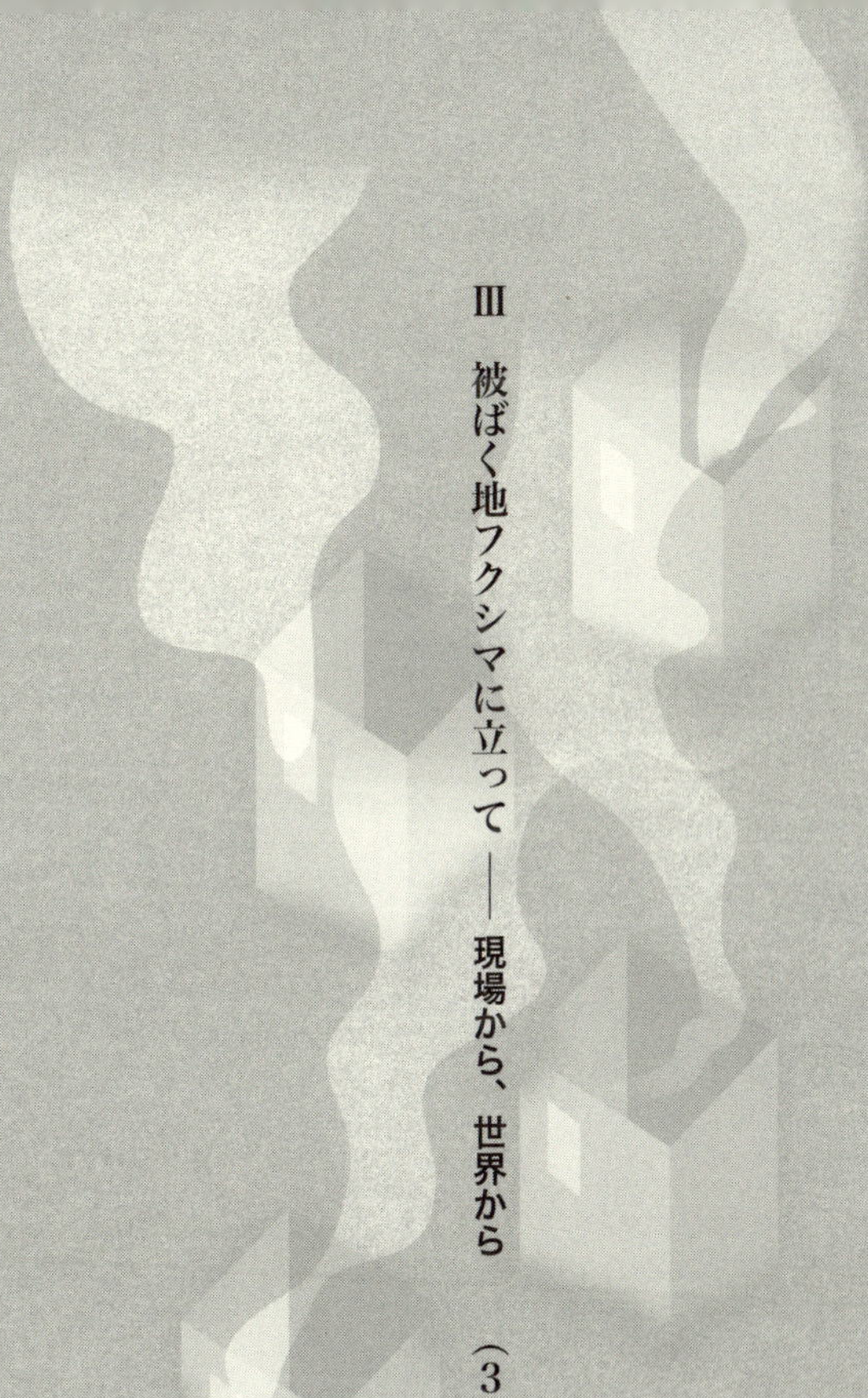

Ⅲ　被ばく地フクシマに立って――現場から、世界から

（3）フクシマから未来へ

タヒチで起こっていること
――「反原発」ではなく「被ばく者のための連帯」

１９６６年7月2日、フランス政府は南太平洋の無人島ムルロアで、核実験を行った。千キロ離れたタヒチで、ジャーナリストであったジョン・ドゥーム氏は、爆音を聞き外に飛び出した。遠くにキノコ雲が見える。そして、風がこちらに吹いてきた。雨が、降り出した。

これは、２０１４年3月12日、仙台市で日本基督教団が主催した国際会議に参加したドゥーム氏が、福島の牧師たちに語った事柄である。私は、２０１３年に浪江町副町長から直接聞いた証言を思い出した。爆発音が聞こえたのに、何の連絡もない。間接的に入る断片的な情報の中で、高線量地帯への退避を決定してしまった。その後の、引き裂かれるような日々。

タヒチの人々は、「安全だ」という情報と共に核実験作業に従事させられた人々の体に異変が起こり始めたことに気づく。２００1年、教会が中心となり、市民団体「ムルロア・エ・タトゥ（ム

ムルロア・エ・タトゥ記念碑

ルロアは我らと)」が作られ、沈黙を強いられてきた被ばく者たちとの連帯を構築する活動が始まった。事務局長はドゥーム氏が担った。

ドゥーム氏は世界の仲間に呼びかけつつ、太平洋の現実を知る旅を続ける。無人島クリスマスアイランドで英国が行った核実験に従事させられて被ばくしたフィジーの人々の苦しみ。ハワイの西にあるジョンソン島は米国の核廃棄物処理場となり、積み上げられた廃棄物が「時々」崩落していること。ミサイル基地となったクワジュラン島では原住民が近隣の離島に移住させられ、昼間だけ基地関連施設で労働させられていること。

そのドゥーム氏の招きで、2014年7月2日、私はNPO法人「東北ヘルプ」を代表してタヒチを訪れ、太平洋の核実験と原爆の記憶を未来に引き継ぐための記念碑に「フクシマの石」を加えた。南相馬市と川内村の砂を高熱で溶かして作ったガラスの石だ。そこにはヒロシマ、ナガサキ、チェルノブイリ、旧ソ連のセミパラチンスク核実験場からの石もあった。

福島第一原発の事故から3年。被災地では汚染の実態と内部被ばくのリスクが一向に明らかにならない中、人々は分断され、沈黙が広がっていた。国際的な連帯、それも「反原発」ではなく「被ばく者のための」連帯は、その分断を超える一つの手立てになるのではないか。

タヒチは平和な島だった。繁華街ですら、信号がない。それでも、横断する歩行者は困らない。皆があいさつしあい、譲り合う。それが太平洋なのだろう。そして、その太平洋を、私たちは今、すさまじく汚染し続けているが、それを時々忘れてしまってすらいる。

福島原発の問題は、世界の問題である。世界には、声を奪われた被ばく者の苦しみがある。世界中の声なき犠牲者と共に、福島を見つめること。そうして初めて、私たちは解決の扉を開くのだと思う。

タヒチでの説教：「わが失われしエデン」

［旧約聖書「創世記」２章４〜３章21節］

本日ここでこのような機会を賜り、聖書の言葉をご一緒に分かち合うことができますことを、心から感謝いたします。南半球で、主にある家族である皆様と一緒に、このような喜びに満ちた礼拝を共にできますことは、私にとっては大変な名誉であり、そして喜びなのです。

実に、私は日本から、つまり、北半球からやってきました。私は宮城県仙台市という所に住んでいます。仙台市は、フクシマという地名で知られるようになった汚染地帯全域を含む東日本の中心都市です。私たちの宮城県は、福島県のすぐ北にあります。東京電力第一原子力発電所の事故現場からは、１００㎞しか、離れていません。

私は仙台キリスト教連合被災支援ネットワーク・東北ヘルプの事務局長をしています。その働きについてすこし、最初にお話をさせてください。

1

宮城県と仙台市周辺地域には、19世紀以来続く、キリスト教と仏教とが連携してきた歴史がありました。それに加えて、1970年代ころから、カトリック・プロテスタント・正教・無教会その他の教会と団体が集まり、毎年定期的に祈祷会と礼拝を守ってきました。

そうした歴史を背景として、1989年、「仙台キリスト教連合」が結成されます。最初のきっかけは、昭和天皇逝去に伴い訪れた信教の自由への危機意識にありました。同様のことが、2011年に起こったのです。つまり、2011年3月11日の震災・津波・原発事故を受けて、仙台キリスト教連合は関係者を集め、支援のためのネットワークを形成することになります。そのネットワークは、「東北ヘルプ」と名付けられました。

つまり、「仙台キリスト教連合」は、政府が宗教を支配しようとする試みに脅威を覚えたキリスト者が結集して生み出したもの、でしたが、「東北ヘルプ」は大災害におけるキリスト者の危機対応として生み出されたもの、となりました。古くから宗教間の連携が構築されたこの地でしたから、東北ヘルプは、キリスト教の教団や団体のみならず、他の宗教団体などとも協力して、支援活動を行うようになりました。

こうした経緯が相俟って、私たちは、「教会にできることがある」ことを学び、感謝を覚えたのでした。私たちは、自分たちのミッションを「地の塩・世の光」のようなものであればと願っています。それはつまり、第一に、私たちはちょうど「地の塩」のように、各地域の小さな共同体を支援したいと願っています。また同時に私たちは、ちょうど「世の光」のように、広く情報を収集し発信したいと思っています。そしてさらに私たちは、ちょうど「地の塩・世の光」と一息で語られるように、地域に密着しつつ世界と直結して、支援活動を展開したいと願っています。

2　私たちは、特に今、フクシマ事故に由来する放射能の問題に直面しています。事態は次第に悪くなっています。その現実はなかなか見えてきませんが、それでも、真実は徐々に明らかになってきています。２０１３年、事故現場から汚染水が漏れ出していることが、明らかになりました。２０１４年の春までに、１００名近い児童が甲状腺癌になっていたことも明らかになりました。これは通常の数十倍もの発症率であると言われています。50名以上の子どもたちが既に手術を受けています。その中には転移の恐れがある症例も少なくなかったそうです。実に深刻な状況だと言わざるを得ません。

この期に及んで、私は、ムルロア・エ・タトゥの皆さんが、２０１１年の震災の際、被災者に送ってくださったメッセージを思い出しています。ムルロア・エ・タトゥの皆さんは、はっきりと私たちを励まして力強く言ってくださいました。「この危機の中で、太平洋をまたいで広がる被ばく者の連帯があることを、思い出してください」と。このメッセージは、今でも、日本語で、インターネットに公開されています。実に、このメッセージを皆さんが出してくださったのは２０１１年3月18日であり、その日は私たち東北ヘルプの誕生した日でもあったのです。神様の摂理を、そこに、感じるような気がしてなりません。今ここに、皆さんの島々から寄せられた祈りの言葉に、もう一度、感謝の意を表したいと存じます。

3 私の心からの感謝は、私の目を創世記2章へと誘います。ここには、エデンの物語が記されています。それは、私たちの「失われしエデン」の物語です。

まず最初に、この美しい物語の背景を確認しておきたいと思います。聖書学の成果によると、この物語の作者・編集者・最初の聴き手は、すべて、深刻な苦しみを経験していたそうです。この人々は、古代世界の世界戦争の中を生きました。その中で、エジプトと同盟を組みバビロンと戦うことにしたこの人々は、完膚なきまでの敗北に打ちのめされます。この敗残の民は世界中に散らされ、その指導者たちは敵国の本拠であるバビロンに拉致されて行く。つまり「バビロン捕囚」という事態です。捕囚となった人々は、故郷を永遠に失ったように思えたことでしょう。ここで私は、フクシマ事故の影響下にある人々の心中を思わずにはおれません。およそ20万人ともいわれる人々が、フクシマ事故の影響によって、故郷を追われました。さらに、その人々の愛してやまない大地のすべてが、深刻に汚染されてしまったのです。ここで、詩編１３７編の嘆きの詩が思い出されるではありませんか。

バビロンの流れのほとりに座り
シオンを思って、わたしたちは泣いた。
竪琴《たてごと》は、ほとりの柳の木々に掛けた。
わたしたちを捕囚にした民が
　歌をうたえと言うから
わたしたちを嘲《あざけ》る民が、楽しもうとして
「歌って聞かせよ、シオンの歌を」と言うから。
どうして歌うことができようか
主のための歌を、異教の地で。（1〜4節）

なんという悲嘆でしょう！　実にこの悲嘆と同じ叫びが、フクシマ事故によってもたらされたように思われます。そして、ムルロアの痛みが発する呻吟もまた、この詩編の悲嘆と同じものであろうと、私はそう信じています。

生き残った者が直面する絶望の危機、という感覚。この感覚を携えて、私たちは、創世記の物語を読んでまいりましょう。エデンの美しい物語が語ること、私たちの失われしエデンが語るところとは、いったい何でしょうか。

4　創世記2章の物語は、人間の創造を語っています。その物語によると、人間は塵から生まれたという。実際そうなのでしょう。２０１１年3月に起きたあの悲劇的な事故の後、私たちは何度も何度も、自分たちが塵から生まれたのだと思い知らされています。実に、私たちは無であると。そして私たちは、深い悲嘆を痛感します。実に、そこに感じ取られるものは、いつまでも続く悲しみに満ちた無常です。しかし考えます。なぜ、私たちは、自分が無であることに怯え悲しむのでしょうか。聖書の答えはこうです。私たち人間は、確かに塵に過ぎない、しかし、神の息によって満たされた塵である！――聖書の言葉を拾ってみれば、こう書いてある通りです。

主なる神は、土（アダマ）の塵で人（アダム）を形づくり、その鼻に命の息を吹き入れられた。人はこうして生きる者となった。（2章7節）

神を宿した塵である存在ですから、私たちは、筋の通った調和の中に憩うことを求めて止みません。太平洋において強行された核実験。その蛮行によって被ばくした人々の尊厳を保持しようとする皆さんの偉大な努力。そうしたことを知る私は、自らのうちに漲《みなぎ》る思いを、ここではっきりとお示ししたいと思うのです。私たちは、ただ無に帰するものではない。私たちは、神の息に相当する尊厳を内に秘めている。誰も、それを傷つけることは許されないのだ、と。

主なる神は、見るからに好ましく、食べるに良いものをもたらすあらゆる木を地に生えいでさせ、また園の中央には、命の木と善悪の知識の木を生えいでさせられた。（2章9節）

創世記の物語は、ただ二つの点に、その焦点を絞っています。つまり、「いのち」と「死」です。ここで、私たちは真剣な、そして困難な状況を想起しなければなりません。それが物語の背景にある現実でした。その現実の中で、問われるのです。私たちの人生にとって、いったい何が、本質的なものなのだろうか、と。私たちの人生において、厳密に言って本質的な事柄といえば、それは「いのち」と「死」の二つです。「生きること」と「死ぬこと」の二つだ、とも言えるでしょう。この創世記の物語は、自由な選択を許された人間を描き出します。実に、エデンにおいて、人は、その人生の究極的な焦点である「いのち」と「死」を確保している限り、自由な存在なのだ。そう、この物語は語っているように思われるのです。

聖書は、エデンを描くのに、四つの川が流れる様子を示します。これらの川は、エデンから流れ出て、あるいは黄金などを産出する鉱山へと至り、あるいはエジプトとメソポタミアの文明へと流れて行きます。この描写の中に、巨大な富を産み出すウラン鉱山と、現代の文明を代表するものとしての原子力発電所と、その二つが、どうしても重なって見えてきます。ここで注目しなければならないのは、距離です。鉱山も文明も、エデンからは遥かに遠い！　この物語によれば、もし私たちが原子力エネルギーを求めて行くなら、その時私たちは、素晴らしい地・エデンから遠く離れたところへ流されていく。この隠喩を忘れてはならないと思います。実に、このエデンの物語は、私たちの現実を見事に映し出したものである。私はそう思えてなりません。

さらに私たちはこのように物語が進むのを見ます。

……主なる神は人を連れて来て、エデンの園に住まわせ、人がそこを耕し、守るようにされた。主なる神は人に命じて言われた。「園のすべての木から取って食べなさい。ただし、善悪の知識の木からは、決して食べてはならない。食べると必ず死んでしまう。」（2章15〜17節）

つまり、神は、自らの人生における本質的な事柄――つまり、生きることと死ぬこと――に専心する人々に、人生を自由に選択をする権利を与える、と、物語は語っているのです。神はエデンを完全なものとしてお創りになりました。しかし問題が残されていました。それは、「孤独」という問題でした。

主なる神は言われた。「人が独りでいるのは良くない。彼に合う助ける者を造ろう。」（2章18節）

再び、ここに私たちは、フクシマの現実を見る思いがします。フクシマ事故の影響下にある母親たちは、引き続き汚染された大地の上で生きて行くのかどうか、決めることができるし、決めなければならない。その点に専心する限り、母親たちは自由です。その決定に異議を唱えることができる人はいません。しかし、自由な決定はいつも、孤独のうちに下されます。一般的に言っても、意思決定をする者は、いつも孤独なものでしょう。実際、福島の母親たちは、しばしば孤独です。神はそうした孤独を「良くない」と看做します。そして神の努力がはじまる。そう、物語は続くのです。神は孤立している人のところへ、塵から作った動物を連れてくる。しかしそれはうまくいきません。それで、神はその手を人の中に入れて行きます。主なる神は、人間を――男と女と両方を――お創りになる。

この物語における、神と人の距離を考えてみましょう。神はいよいよ人に近づき、そしてついに、その孤独の問題を癒してしまわれる。人生において、私たちは時に孤立し、闇の中に立たされているような、そんな思いに駆られる時があるものです。その暗闇の中にあって、神は、本当にすぐそばにおられる。この物語は、そんなことを私たちに語るものでもあります。

たとえ神を悩ますほどの最悪の問題であったとしても、神の愛のうちに、私たちはその解決を見出すことができる。私たちは、他者と共に、解決を見るのです。物語の続きに、私たちは次のような輝く言葉を見出すことになります。

人は言った。

「ついに、これこそ
わたしの骨の骨
わたしの肉の肉。
これをこそ、女（イシャー）と呼ぼう
まさに、男（イシュ）から取られたものだから。」（2章23節）

私たちは他者と出会う。自分とそっくりでありながら、でも、全然違う、他者。その出会いにおいて、私たちは大きな闇の中の突破口を見出すのです。

5 そして今、ここ・タヒチで、私自身、皆さんに出会った。私は何という挨拶を皆さんに贈るべきでしょうか。まず第一に、私は日本人として考えます。私たちの祖父母がこの美しい島々に乗り込み、皆さんのご両親・おじい様おばあ様に植民地支配を行った。これは、私たちの国の罪です。このことについて、私たち日本人は、責任を負っています。そして第二に、この旅を通して新しく、私は学びました。なんと恐ろしい暴挙が、皆さんの美しいこの島々の上・美しい海の中で、行われたことでしょう。200回もの核実験。それを知らないで過ごしてきた不明を、私は皆さんにお詫びしなければなりません。そして第三に、フクシマ事故が起こり、徐々に私たちは、原発を必要としているようなライフスタイルがどんなに罪深いものであるか、知りつつある。私の国の罪深さによって、私たちは皆さんと皆さんの美しい島々に新しい苦しみを押し付けようとしている。所謂「先進国」の一員として、私は、私たちの罪を告白し、キリストの御名による赦しを請わねばなりません。

最後に、私は、今日の聖書の箇所の最後に目を向けたいと思います。その言葉に、私たちは、その翼の下に覆う母鳥のぬくもりを感じるように思うのです。

主なる神は、アダムと女に皮の衣を作って着せられた。（3章21節）

今日、神は私たちに、大いなる機会を与えてくださいました。私たちは主なる神の祝福のうちに出会い、キリストの愛のうちに互いを知り合っています。この素晴らしい日曜日を最初の一歩として、私たちは核から解放された世界への歩みを始めることができる。私はそう信じて、励まされているのです。祈りましょう。

天におられる創造主、私たちの愛する神よ。
あなたのお名前を称えて祈ります。
活きた御言葉を与えてくださいましたことを感謝します。
神の家族の麗しい愛を、私たちにお与えくださいました。
心から、あなたに感謝を捧げます。

神さま、私たちに目を留めてください。
私たちは今、巨大な問題に直面しています。

しかし私たちは今、
どんな巨大な問題よりも大いなるあなたを思い出しています。
あなたの巨大な愛を、信じています。
あなたの愛によって、閉じている扉が開きますように。

どうぞ、私たちを励ましてください。

2014年7月1日マホイ・プロテスタント教会センターにて

この地上に、あなたの御国をもたらすために、共に歩めますように。
どうぞ、私たちを赦してください。
原子力を手放せない私たちです。
どうぞ、私たちに、私たちを愛するあなたの愛を増し加えてください。
私たちも、互いを十分に愛し合えるようになるまで。
どうぞ、私たちに、この地球を愛するあなたの愛を増し加えてください。
私たちも、この地球を大切にできるようになるまで。
主イエス・キリストの御名によって
アーメン
（2014年7月　タヒチ・パペーテ市にて）

放射能禍と宗教者の責任

２０１４年7月2日、南太平洋・タヒチの首都パペーテにて、「ムルロア・エ・タトゥ」という催事が開催された。この語の意味は「ムルロアは我らと」である。そこに、「フクシマの石」の贈呈が行われた。私は仙台キリスト教連合が設置した支援団体「東北ヘルプ」の事務局長として、その贈呈の任に就いた。放射能禍に向き合う先輩であるタヒチへの旅を、以下に報告する。

1　経緯

福島第一原子力発電所の爆発事故は、私たちの地球を深く広く傷つけた。それは世界の問題でもある。国内では他の問題の中に埋もれるようにして、関心が薄れつつあるかもしれない。しかし海外の関心はたかまっている。とりわけ今「集団的自衛権」関連の政治的騒動とも相俟って、国際的な関心は日本に向いている（youtube で「Fukushima HBO」と検索していただきたい。海外の目を、追体験できるだろう）。

私たち「東北ヘルプ」は、キリスト教団体として、世界と共にフクシマを支援し、世界にフクシマを伝えている。日本の教会は、放射能禍を世界に発信した実績がある。たとえば、１９４６年にはヒロシマ・ナガサキに至った空爆の惨禍を米国諸教会に直接証言した植村環牧師がいる。時まさしく冷戦開始直後であり、ソ連に対抗するための重要な役割を核兵器に期待していた米国であった。しかし、日本の戦争責任の告白と共になされるそれらの証言は少なくない波紋を呼んだ。その植村牧師は、原爆被害が米軍の機密指定が名実ともに解除される過程で結成された「原水爆禁止署名運動全国協議会」の責任者となり、世界に核廃絶を訴え続ける。そして１９５４年、米国エバンストン市で行われたＷＣＣ第２回総会は、日本の教会からの声を聴きながら、遂に「たとえそれが、どんな手続きを踏み、どんな目的を持っていたとしても、無防備の市街に住む人々を大量に破壊する核兵器の使用に対して、教会ははっきりと異議申し立てをしなければならない」という声明を、全世界のプロテスタント教会の正式な総意として、ほかならぬ米国で、表明したのであった。そして２０１１年のフクシマがあり、再び世界のキリスト教会は動いた。以後、会津・釜山・仙台・ジュネーブで国際会議が開かれ、２０１４年７月、核兵器のみならず核エネルギーそのものを拒否する世界教会の態度決定が定まった。

その運動の中で、ニュージーランドを仲立ちとして、「東北ヘルプ」とタヒチとのつながりが生まれた。タヒチには、世界の被ばく者の声を集める場所があるという。タヒチの指導者は、私たちにもその場所へ集まるよう、呼びかけてくれた。

2 世界の被ばく者

1945年以来、世界では二千回を超える核爆発が行われた。その最初は米国「トリニティ実験場」で。第二回目は広島で。第三回目は長崎で。そしてその後、大量の核実験が地球を覆った(詳しくは、youtube で「Isao Hashimoto」と検索されたい)。その結果、大量の放射能禍が引き起こされた、はずである。しかし、1954年の「第五福竜丸」事件以外、私たちは何も知らないで今日まで来た。フクシマの出来事の後、私たちは知った。世界には、巨大な放射能禍があったのだ。それを知らないできた不明を恥じる。

1966年7月2日、タヒチから千キロ離れた島で、フランスが核実験を行った。タヒチの教会指導者は、爆音を聞き、キノコ雲を目撃して、初めてそれを知る。場所は無人島であるムルロア。周辺の島民は実験作業に従事させられていたが、「健康被害はない」とアナウンスされた。おかしいと思っても、それを声に出すことはできなかった。タヒチとその周辺は、フランスの植民地であったからだ。

しかしタヒチの教会指導者はあきらめなかった。200回近い核爆発に耐えながら、励まし合い、世界とつながり、そして2001年7月2日から、「ムルロアは我らと」と題する催事を行うに至る。人々が団結して行った異議申し立ては、フランス法廷で審理され、遂にフランスが三つほどの島々の被ばくを認めるに至る。20世紀の間、声を挙げられなかった被ばく者は、遂に、その苦しみの声を上げたのであった。

3 フクシマの「石」

私たち「東北ヘルプ」は、「ムルロアは我らと」の事務局長ジョン・ドゥーム氏に直接呼びかけを受けた。フクシマの石を持ってきてほしい。「ムルロアは我らと」の催事は、タヒチ・パペーテ市で行われる。そこには五メートル四方の小さなモニュメントがある。そこにはヒロシマ・ナガサキ・アルジェリア・セミパラチンスク・フィジーの石がプレートと共に据え付けられている。すべて、被ばく者が魂を込めて持ち寄った石であるという。「私たち南太平洋の人間は、石こそ全ての基本、魂の象徴と考えるのだ」と、ドゥームさんは語った。そして、フクシマの石を、と、仙台で依頼を受けた。

私たちは、原発20㎞圏の砂を、仙台のガラス工房「海馬」にお持ちした。この工房の主人は、テレビの企画として浪江町に作られた「DASH村」の技術指導者であった。工房は心を込めて砂をガラスに変えてくれた。それを持って、私はタヒチへ旅立った。

4 政治という難題

タヒチへ向かう直前、一人の日本人から、連絡が入った。タヒチ大統領が、「ムルロアは我らと」の会場となるモニュメントを撤去すると決めた、というのである。それに反対する請願書があるので、タヒチへ持ち込んでほしいと、依頼が添えてあった。

私たちは悩んだ。「東北ヘルプ」は支援団体である。反原発団体ですらない。そして私たちの多くは、宗教者である。政治運動とは、いつも慎重に距離を測ってきた。しかし事柄を議論し吟味している時間はなかった。そして、放射能禍を見据えるとき、政治の問題はいつか近づくことであると覚悟を決めた。

催事の二日前、私はフランス領タヒチ大統領府へドゥーム氏らと請願を持ち込んだ。パペーテのモニュメントは、声なき被ばく者の声を世界に響かせる貴重な場所である。そこが失われることに痛恨の念を覚える。異国の宗教者であることの躊躇を超え、ここに曲げて私たちの声を届ける次第だ——そう伝えた。テレビも新聞も、私たちの行動を広く伝えた。大統領は、その日の夜、テレビのインタビューに答え、そもそもモニュメントを破壊する意図はなかった、と明言した。そして、7月2日の催事の日となった。太平洋の各地から、300名を超える人々が集まった。

5 声なき声を

贈呈式において、私にスピーチが要請された。私はこう訴えた。フクシマでは、通常の60倍に達する小児甲状腺の特別な異常が認められ、50名の子どもが甲状腺を切除し、その執刀医は事態が深刻であると証言した。しかし、公的には放射能の影響はない、とされている。すでに千名を超える震災関連死が確認されているのではあるが、私たちも徐々に安全なのではないかと感じ出している。そして、私たちは太平洋を汚染している。溢れる汚染水をどうしてよいかもわからない、惨めな状態である。深いお詫びと共に、宗教者として要請したい。私たちのために祈ってほしい。祈りは、私たちを一つにする。私たちは、政治的・社会的に翻弄され、砂のようにバラバラになってしまった。しかしこの「フクシマの砂で作ったガラス塊」を見てほしい。このガラスのように、惨めな私たちを、祈りの炎が一つにしてくれると信じる。どうか、私たちのために祈ってほしい。太平洋に対して、私たちは加害者の立場である。私たちの原発が、美しい海を汚している。し

2014年7月3日タヒチにてフクシマの石贈呈式

かし太平洋の人々は、私たちのために祈ってくれた。私たちの石は、ヒロシマ・ナガサキの石と共に、世界の声なき被ばく者の石の脇に据えられるという。太平洋の人々は、私たちと共に生きることを、祈りを込めて、表明してくださった。

　さらにタヒチの人々は教えてくれた。太平洋には、知られざる放射能過がなお溢れている。例えば、ハワイから西側（米国の反対側）へ５００キロほど進むと、ジョンソン島がある。そこには米国の核廃棄物が大量に埋設され、しばしば崩落を起こし、その地の作業員は完全防御を余儀なくされている。

　私たちが汚染している太平洋には、声なき声がある。そしてその人々の温かい寛容が私たち

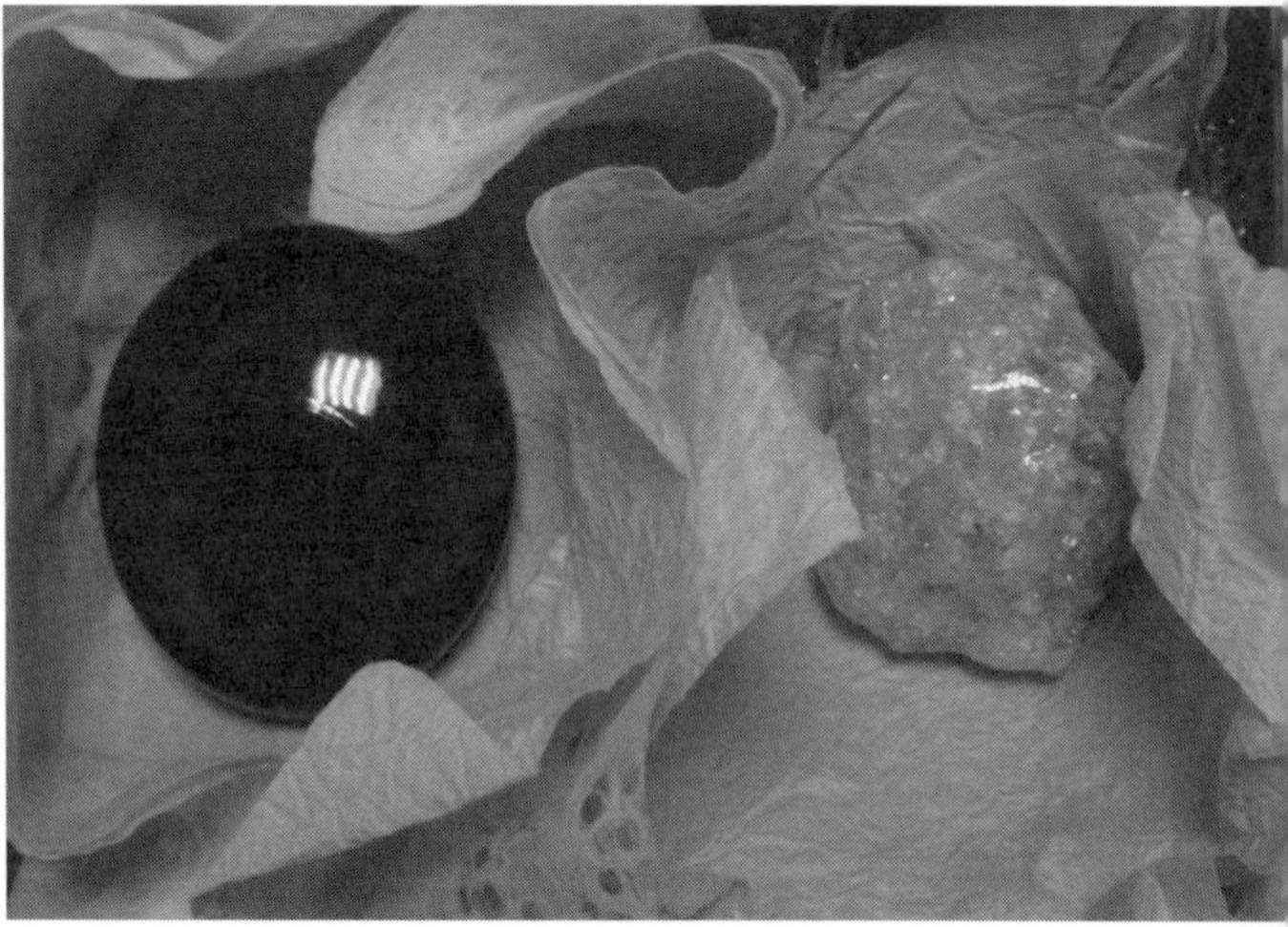

フクシマの石

に示された。宗教者として生きる一人の人間として、私は「責任」を感ずる。赦された者の伸びやかさを以て引き受ける責任。声なき声と共に生きることの決意である。その小さくも確固とした思いをここに示し、このタヒチでの報告を終える。

書評：「責任」という言葉への真摯さ

宗藤尚三著

核時代における人間の責任――ヒロシマとアウシュビッツを心に刻むために

２０１１年３月12日、東京電力福島第一原子力発電所が爆発した。その爆発の後すぐ、様々な声が聞こえた。「ほら見ろ！」という大きな声。他方で「細い沈黙の声」のように、「申し訳ない」という声も。「私たちの力不足だ」という声。その声は、ヒロシマ・ナガサキのヒバクシャの方々からも、聞こえた。「我々は予見していたのに、止められなかった」という声。その声の中に滲む尊厳。「責任がないのに責任を負う」という、高貴。

ヒロシマのヒバクシャである著者・宗藤尚三さんは、本書において、そうした声を私たちに届かせる。『心の内なる核兵器に抗して』（キリスト新聞社）を２０１０年に著した宗藤さんは、「生涯、被ばく牧師としての使命とは何か」を問うてきた「日本の被爆キリスト者」として、「いかなる然りも含まない否！」を核に向けて突き付けていた。しかしそこで「原発の問題にたいしては積極的に問題としてとりあげていなかった」ことを反省し、本書は上梓されたという。「責任」という言葉への、宗藤さんの真摯さが、そこに見られる。

私は今、ＷＣＣ（世界教会協議会）の仲間と共に、「核から解放された世界」を目指して、フクシマから被ばく者の連帯を構築しようとしている。今年（２０１４年）７月２日からスイスでＷＣＣの中央委員会が開かれ、原発（核発電所）を神学的にどう考えるべきかが、議論される。その同じ日に、私はタヒチで核実験の被ばく者を覚える催事に参加し、長崎市長の公開書簡と共に、「フクシマの石」をそこへ届ける役に就く。北半球と南半球で、ヒバクシャを覚える夏となる。私は今、その旅の途中、飛行機の中で、この原稿を書いている。

その私に、宗藤さんの書物は貴重な励ましを与えた。以下に列挙しよう。

第一に、「低線量被ばくと内部被ばく」の問題について。これこそ、フクシマの課題である。それは福島県に限らない。県境線は、私たちの頭の中にだけある。それは明治政府が恣意的に引いたものに過ぎない。北は岩手県から南は東京東部まで、海外から見れば「フクシマ」である。その広域に広がる問題が「低線量被ばくと内部被ばく」である。この問題は「現実に今日の原爆認定訴訟の大問題になっている」ほど、困難なものである。この指摘に小さな戦慄を覚えつつ、しかしヒロシマ・ナガサキ・フクシマの連帯の可能性も、そこに予感される。このことは、励ましとして響く。

第二に、「カナダやオーストラリアなどのウラン鉱山の採掘から始まって……ネバダやセミパラチンスクや南太平洋やその他各地で二千回核実験が行われ……死の灰の降下による影響は全人類に及んでいる……。ヒバクシャという言葉は人類のアイデンティティそのものである」という指摘。この地球上には、隠された・忘れられた被ばく地がある。フクシマは、これらの被ばく地に比べるなら、実に自由に被害を訴えることができ、注目を集めることができる。だから私は、フクシマの責任を覚える。その責任感を共有する先達がいること。そのことに、大きな励ましを覚える。

第三に、「人間の貪欲と傲慢」を原発に見ていること。このことは、本年3月に仙台で開催された「東日本大震災国際会議」の大会宣言文に通じる。当事者としての罪責の告白こそ、キリスト者の重大な役割である。その役割を担おうとする時、常に内なる霊的戦いが招致される。そんな私たちは、宗藤さんの言葉に叱咤激励される。

第四に、戦後日本の原発・核関連政策過程の整理された提示。その開始は、第五福竜丸の被ばくの直後であったことの指摘もそこにある。福島原発事故の直後に新しい核政策が開始されるということもあり得る、という警告が、聞こえる気がする。

第五に、核兵器の犯罪性と核発電所（原発）の犯罪性の明示。核兵器投下に関わった一人の人物の生涯を中心に置くことで、本書はその非人道性を鮮やかに提示する。

学ぶことは多く、読後の印象は深い。「政治においては服従は支持と同じである」という宗藤さんの言葉は、今、厳しく響く。心して読み、深く沈思黙考を促される書物である。

ナルドの壺

［2012年3月の説教・新約聖書「ルカによる福音書」14章1～19節］

被災地から、イースターの喜びを申し上げます。

昨年の東日本大震災は、東北地方に大きな被災地を残しました。東北地方は、四季の彩り豊かな地です。燃え上がる色鮮やかな秋があり、いのちが沈黙の内に沈む冬があります。そして、春が来る。芽吹きの胎動は山々を一斉に薄桃色に染め、そして輝く新緑の季節がやってくる。それが、東北の春です。被災地にも、一年の時が巡り、イースターの季節が到来しました。

ここで、一年経った、ということの意味を考える、一つの経験を思い出します。

昨年4月末、私は、南三陸の津波被災地を歩きながら祈りました。親しい僧侶の方と共に、未だ遺体が紛れている瓦礫の中を、2時間半にわたって、祈りながら歩きました。祈りは、自然と歌になりました。讃美歌が、私の口をついて溢れてきたのです。

悲しみの現場が、私に歌を求めたように思います。多くの讃美歌・聖歌を歌いました。歌ってすぐ「これは違う」という思いを抱かせる歌もありました。そうした歌は、途中で歌えなくなりました。逆に、ある歌は、何度も何度も歌うことができました。置かれた環境が、歌を選ぶ。私はその選ばれた歌を歌う。そういう祈りの経験を、昨年の春、私はしたのでした。

今年の3月初め、再び私は南三陸の津波被災地を歩きました。昨年と同じコースでした。やはり、歌がこみ上げてきました。しかし、その歌は、昨年とは全く違っていました。昨年の春、『讃美歌』320番（主よ　みもとに）が、何度も何度も口をついて出てきました。しかし今年の春は、そうではなかった。津波被災地は、一年を経て、今、復興の蠢動《しゅんどう》の中にある。そして、新しい悲しみが、そこ・かしこに見出されます。ですから、同じ歌が歌えない。そこに、この一年の変化があります。一年経ち、新しい悲しみがあります。その悲しみとは何か。その悲しみとは、分断と分裂の悲しみです。

この一年間、「復興」という掛け声がこだましました。私たちはそれぞれ必死にこの一年を過ごしました。そして今、気づくと、私たちは分裂の中にあります。発災直後、私たちは一つになって危機に耐えました。すべての人が良心に基づいて努力を重ねた。その良心に基づく活動が、それぞれの方向をもって進み、気が付くと、私たちはそれぞれの到達点に立っています。あの一致は、もう「懐かしい」ものとなっています。

今、どんな讃美歌が歌えるでしょうか。今私が繰り返すのは、『讃美歌』391番（ナルドの壺）です。それで今、マルコ福音書14章を読みたいと思いました。

一人の女性が登場します。イエスに新たないのちを知った女性。その感謝をどう表現してよいかわからない女性。それでも、精一杯の努力をして感謝を表した女性。

その感謝は、周囲の目に「おかしい」ものと映ります。憤慨する人が出てきます。分裂が生まれます。激しい叱責の言葉が、この女性に浴びせかけられます。女性の善意は、罵声の中に沈み込みます。

しかし、イエスは語ります。「なぜこの人を困らせるか。この人は、あなた方の知らない良いことをしてくれたのに。」――イエスの言葉は、女性を復活させます。悲しみと自己嫌悪に沈んだ女性は、考えもしなかった褒賞の言葉に、あたらしい喜びを得るのです。

私たちの努力は、きっとどこか、ちぐはぐです。努力を重ねる程に、新しい痛みが生まれます。でも、神さまは、その痛みに沈む人に、やさしい。新しい悲しみに、新しい慰めをくださいます。

何度でも、新しく。それが、ナルドの壺の物語だと思います。

今、イースターです。復活の喜びを私たちは噛みしめます。それは、ナルドの壺を永遠に記念する神さまの恵みを噛みしめることです。大切なのは、この神さまの恵みは、私たちの想定を遥かに超える大きさを持っているということです。この物語の中で、イエスの他誰も、この香油がイエスの弔いの油となるとは思わなかった。そんなことは、想像することもできなかった。想像を絶する恵み。それが、神さまの恵みです。それは、私たちへの励ましです。私たちは罪に沈み、互いを悲しみに沈め合うかもしれません。しかし、その沈んだ底で、神さまは新しいいのちをくださいます。ちょうど、春が冬の後に来るように。ちょうど、復活が十字架の後にだけ、来るように。

この神さまの恵みを思い出し、噛みしめ、感謝して、ご一緒にイースターの時を過ごしたいと思います。

フクシマからの声

1主からエレミヤに臨んだ言葉。2「立って、陶工の家に下って行け。そこでわたしの言葉をあなたに
聞かせよう。」3わたしは陶工の家に下って行った。彼はろくろを使って仕事をしていた。4陶工は粘
土で一つの器を作っても、気に入らなければ自分の手で壊し、それを作り直すのであった。5そのと
き主の言葉がわたしに臨んだ。6「イスラエルの家よ、この陶工がしたように、わたしもお前たちに対
してなしえないと言うのか、と主は言われる。見よ、粘土が陶工の手の中にあるように、イスラエル
の家よ、お前たちはわたしの手の中にある。7あるとき、わたしは一つの民や王国を断罪して、抜き、
壊し、滅ぼすが、8もし、断罪したその民が、悪を悔いるならば、わたしはその民に災いをくだそうと
したことを思いとどまる。9またあるときは、一つの民や王国を建て、また植えると約束するが、10わ
たしの目に悪とされることを行い、わたしの声に聞き従わないなら、彼らに幸いを与えようとしたこ
とを思い直す。」

（旧約聖書「エレミヤ書」18章1〜10節）

今日、私たちに与えられた聖書の御言《みことば》は、エレミヤ書18章1～10節です。御言は命をもって生きて働きます。私たちの魂は、この御言によって、どのように変わるのでしょうか。

今手許に開いたエレミヤ書という書物は、もう2500年も昔の書物です。かつて、世界戦争に巻き込まれて歴史の藻屑《もくず》となって消えた小国がありました。その国の名はイスラエルといい、解放奴隷の共和国として発足し、王国となり、南北に分裂していたところ、まず北の王国が滅亡し、そして南の王国もまた、滅亡しました。その最後の滅亡の時を生きた人として、エレミヤという人が登場します。

王国滅亡の直前、エレミヤは、一つの改革運動に触れ、そこに身を投じたようです。それは、モーセの十戒の精神を徹底させて国を守ろうとする運動でした。その運動は成果をあげたようです。しかし、どんな改革運動も、恨みや反感を買う。エレミヤもまた、強い批判と恨みを買い、苦しんだ人であったようです。

そしてまた、エレミヤは、この改革運動にも問題を感じたようです。そして、エレミヤはその問題点を強く指摘した。身内からの批判ほど、痛いものはありません。批判された人々は憤慨し、結果エレミヤは投獄されることにもなります。

そういうエレミヤはしかし、国が亡びる様子を最後まで見守りながら、その先に希望をつなぐ言葉を語る。そんな風に、エレミヤの言葉は編集されました。エレミヤの言葉を編集したのは、国が亡びて流浪の民となった人々でした。そこには深い痛恨と悔悟《かいご》の思いが溢れています。それが、「エレミヤ書」です。

さあ、今日は、「エレミヤ書」の18章を10節まで読みました。

この箇所の直前には「安息日」を巡る改革運動が語られています。エレミヤの国は、奴隷が解放されたことをその出発点に持っている、特別な国でした。奴隷とはなんでしょうか。それは、「ものを言う道具」と定義されてきました。道具は、休む権利を持たない。勝手に休む道具は、故障したと見做されて捨てられます。「ブラック企業」という言葉が流行《はやり》ましたが、そこに見られる労働者の姿は、休む権利を奪われた凄惨《せいさん》な様子です。使い捨てられてゆく労働者。それは、現代的な姿の奴隷、と言えるでしょう。

安息日の規定というものが、モーセの十戒の中にあります。それは、奴隷も家畜も外国人も、すべて命を持つものは、週に一日の休みを保証されねばならない、というものです。それは、いのちを愛する神さまの命令です。それは、いのちの平等な価値を具体的に形に示すことを求める規定です。

どんな高尚な理念も、ただ唱えるだけであれば、意味がない。聖書の神さまは、愛やいのちといった形のないものを、形に示すよう求める神です！　――エレミヤは、今日の箇所の直前で、そうしたことを語っていました。

そして、今日の箇所です。

「主からエレミヤに臨んだ言葉」と始まります。「主」とは、YHWHと表記される聖書の神です。長らく、この表記をどう読んでよいか、わからないできました。現代では、これをヤハウェと読むのが普通になりました。それは、「ハーヤー（なる）」というヘブライ語の使役活用形であるという理解に基づきます。つまり、直訳すれば、「あらしめる者」が、エレミヤに言葉を臨ませた、というわけです。

この「臨んだ」という言葉は、ヘブライ語では「ハーヤー」と書かれています。言葉の内に、ご自身の姿を現される神。そうした神理解が、ここにはっきりと見て取れます。

神の言葉は、「立って、陶工の家に下って行け。そこでわたしの言葉をあなたに聞かせよう」というものでした。そしてエレミヤは「下って行く」。神の言葉を受けた者は、下って行く。これは含蓄深い言葉だと思います。高みに座って睥睨《へいげい》し、衆生《しゅじょう》を見下ろして真理を語るのではないのです。神の言葉を受けた者は、下って行き、さらに次の言葉を待つ。自分が語るべき神の言葉を頂くために、「下って行く」。そうして、神の言葉は私たちの生活の只中に「あらしめられる」。聖書の神の業は、そのようにして顕現するのです。

今、フクシマの被ばく地帯のことを思います。多くの人は、そこに関心を喪い始めています。しかし、そこにも教会があり、子どもを思う母親があり、放射線に傷つくいのちがあります。そのことを思うと、私たちは心穏やかではいられません。神さまが私たちを呼び出しているように思われてなりません。その現場に下って行き、そこに響く神さまの声を聴きたいと、そんな気持ちがしてきます。

エレミヤは、陶工の許へ下って行きます。すると、器を作ったり壊したりしている工房の様子が見えてきます。

この様子から、神さまは恐ろしいことを語り始めます。神さまもまた、陶器師のように、不出来な民を滅ぼすだろうと。それはちょうど、陶器師が完成品を作り上げるために必要な措置のようにして、そうするのだと。

そして、聖書は祝福と呪いの言葉を歌い始めます。その歌は、農耕のイメージを以て彩られています。

神の怒りが燃え上がり、植えられている植物を引き抜き、土ごと掘り上げてひっくり返して、そして何もかもなくしてしまおうと、そう思うことがあったとしても、もし人々が心を入れ替えてやり直そうとするのなら、その怒りを覚えたことを後悔して、すべてを取りやめにしてくださる。それが、聖書の神だというのです。

しかし一方で、神が建て上げよう、植え直そうとそう思っていたそのところで、人々が神の声に聞き従わないなら、その時神は、祝福をしようと思ったその思いに捕らわれることなどないのだ、と、そのように聖書の神は語るというのです。

怒りを納め亡びを撤回するその時、神様は「思いとどまる」と聖書は語ります。ヘブライ語では「後悔をする」という意味の言葉が、ここで使われています。そういえば神はかつて、ノアの方舟の物語において、「後悔する」と繰り返して語りました（創世記6章）。その際は、世界を創ったことを後悔し、全てを滅ぼそうと心に決めました。しかしここでは、その逆を語っています。つまり、怒ったことを後悔して徹底的に再生させようと、そういう思いが、ここでの「後悔する」という言葉に込められています。

しかし、その後悔に基づいた再生の過程であっても、人々が神の声を無視するようであれば、再生させようとするその思いに捕らわれることなどないと、そのようにも、神さまは語るのです。

今、福島のことを思っています。震災は、大きな悲しみと痛みを引き起こしました。しかし、そこには新しい希望も生まれました。多くの教会が、今、被災地で伝道に励み、福音を伝える喜びに輝いています。しかし今、福島から声が聞こえます。痛む人々の側に立って、消えない希望を語る必要を訴える声が、福島から聞こえます。もしそれを無視するなら、これまでの私たちの働きは、むなしいものとなるかもしれません。

余り気が進まないのですが、すこしだけ、今日の箇所の続きを眺めてみましょう。そこには恐ろしいことが書いてあります。

実際の所、エレミヤの目には、人々が滅びようとしているように見えた。エレミヤは「立ち返る」ことを求めます。そして、このままでは滅びることを警告します。しかし、人々は聞きません。そこで、神の裁きの予告を、エレミヤは恐ろしい言葉で展開します。16節・17節です。

わたしは彼らの地を恐怖の的とし
いつまでも嘲られるものとする。
通りかかる者は皆、おののき、頭を振る。
東風のように、わたしは彼らを敵の前に散らす。

災いの日に
わたしは彼らに背を向け、顔を向けない。

恐れを以て申し上げるのですが、この様子は、原子力発電所爆発事故による被ばく地に、そのまま当てはまる言葉とも、読めるのです。

しかし、今私たちは、10節までを読むようにと促されました。このことにも、意味を見出しましょう。まだ私たちは、神の言葉を聴くようにと、心を入れ替えるようにと、励まし促されているのかもしれません。まだ、懸念される大規模な健康被害は顕在化していない。まだ、少しの時間がありかます。今、神さまの言葉を聴き洩らさないよう、心沈めて、現場に下って行き、大切に時を過ごしたいと思います。

愛について

11 これらのことを話したのは、わたしの喜びがあなたがたの内にあり、あなたがたの喜びが満たさ
れるためである。12 わたしがあなたがたを愛したように、互いに愛し合いなさい。これがわたしの掟
である。13 友のために自分の命を捨てること、これ以上に大きな愛はない。14 わたしの命じることを
行うならば、あなたがたはわたしの友である。15 もはや、わたしはあなたがたを僕とは呼ばない。僕
は主人が何をしているか知らないからである。わたしはあなたがたを友と呼ぶ。父から聞いたことを
すべてあなたがたに知らせたからである。16 あなたがたがわたしを選んだのではない。わたしがあな
たがたを選んだ。あなたがたが出かけて行って実を結び、その実が残るようにと、また、わたしの名
によって父に願うものは何でも与えられるようにと、わたしがあなたがたを任命したのである。17 互
いに愛し合いなさい。これがわたしの命令である。」

（新約聖書「ヨハネによる福音書」15章11～17節）

教会で行われる礼拝は、最後の晩餐を再演する儀式です。最後の晩餐で、イエスは親しく丁寧にたくさんのことを語ってくださいました。そのことを再演するようにして、今日も御言に聴きましょう。

今日の聖書箇所は、最後の晩餐の時に語られたイエスの説教録の一部となっています。ヨハネ福音書は、13章から最後の晩餐の様子を描きます。それは他の福音書とは違い、とても丁寧で内容の濃いものとなっています。

最後の晩餐、というからには、ただならぬことがあったはずです。これを以て、30代の若い男性であるイエスが死ぬ、その最後の晩餐なのですから。

少し遡って見てみますと、ヨハネ福音書11章に、そのただならぬ様子が読み取れます。イエスが首都エルサレムの神殿で激しい論争を巻き起こし、その結果、思想犯だということで私刑《リンチ》に遭いそうになり、イエスは故郷に逃げるのです。そこに一つの知らせが届きます。誰よりも親しくしてくれたラザロという人が、病気で死にかけている。治療者として有名になっていたイエスであれば、きっと、その病気を治せるかもしれない。そういう悲痛な呼び出しの知らせでした。

ラザロが住んでいた町はベタニアと言いました。聖書巻末の地図で見ますと、イエスが逃げてきた首都エルサレムから、ベタニアまでは、約5キロ程度の至近距離です。出ていけば、また襲われるかもしれない。逡巡する間に、ラザロが死んだと、連絡が入ります。そして、イエスは立ち上がる。その時、既に決死の覚悟を決めて。

イエスは墓の前に立ち、大勢の人の前で、死人であったはずのラザロを呼び出し、甦らせてしまう。人々は驚嘆し、皆イエスになびいて行く。それは、当局の恐怖を呼び起こしました。イエスの国はユダヤと呼ばれる独立国でしたが、ローマ帝国の属国でした。ローマ帝国は、騒乱を嫌うのです。騒乱鎮圧のために、これまでにローマ帝国は数々の残忍な所業をしてきました。そのことを痛いほど知っているユダヤの政府当局は、「国民全体が亡びない方がよい」という理由で、イエスを殺すことに衆議一決しました。こうして、思想犯として疑われていたイエスは、政治犯として正式に指名手配されることになります。

イエスは、友であるラザロのために、自分のいのちを危険に曝した格好となったのです。あるいはそのことを予感して、イエスはラザロの所へ行くことを逡巡していたのでしょう。でももう、賽《さい》は投げられた。公式に、イエスは指名手配されてしまった。

そして、最後の晩餐となる。今度は、弟子のひとりであるユダという人のために、イエスは自分のいのちを差し出します。ユダは、イエスを裏切る話を、当局とつけてしまっていました。スパイだったのです。ですから、もしユダがスパイ活動に失敗すれば、きっとユダは当局から殺されてしまう。そんな危険な橋を、ユダは渡ってしまっていました。イエスは、そのことに気が付いていたようです。

最後の晩餐は、ユダヤの三大祭りの一つ「過越祭」の中で行われました。その最初、イエスは余興とばかりに、盥《たらい》を持ってこさせて、弟子たちの足を洗います。ユダの足も。それは、当時、奴隷が主人にする作業でした。その意味が分からない弟子たちに、自らの行いを模範とするように告げます。そして、裏切り者が出ることを、弟子たちに告げる。つまり、裏切り者の足を洗ったことを宣言してから、そっと、ユダの耳元で、「しようとしていることをしなさい」と促す。ユダは〝無事に（！）〟イエスを裏切り、その身の安全を確保します。

そうしたことがあった後に、イエスは弟子たちに覚悟の説教をします。その一部が、今日の箇所なのです。ゆっくり読んでみましょう。

この箇所で、私たちの心を打つのは、ギリシャ語の動詞の活用形です。「喜びに満たされる」「私が愛した」「知らせた」「選んだ」と、イエスは弟子たちに語ります。これはすべて「やりきった」というニュアンスを含む書き方なのです。イエスは、弟子たちに必要なことを全て完全に果たしてくださって、死に向かわれます。そうしたことがよく伝わってきます。

この箇所で重要なのは、「掟」「命じる」「命令」という言葉です。これらはすべて同じ言葉の変化させたものを用いています。それは皆「テロス（最終目標）」という語をその中核に含んだ言葉でして、「共に最終目標に向かう」という意味を根本としています。一つの船に乗って、一つの目標に向かう、という含意があります。つまり、その目標に向かう同行者になってほしいと、そういう意味が、「掟」「命じる」「命令」といった言葉の根底に隠されています。

では、どんな命令を、どんな掟を、イエスは語ったのでしょうか。どんなことを、イエスは弟子たちに求めたのでしょうか。それは、「愛すること」です。それは「友のために命を捨てること」において最も明らかに表れる「愛」だと、イエスは語っています。

イエスは、誰のために命を捨てたのでしょうか。それは、ラザロであり、ユダでした。そしてあるいは、イエスの周りに群がってきたすべての人のためかもしれません。ローマがイエスの運動を騒乱と見做せば、流血の惨事になる。それは、当局の人々が正しく恐れたとおりだったのですから。

今私たちが読んでおりますヨハネ福音書は、もともとギリシャ語（それも上質なギリシャ語！）で書かれています。ヨハネ福音書はローマ帝国内のギリシャ語を使用する教養人に読まれることを前提にしているようです。

さて、イエスは「友のために」と言いました。ローマの教養人の間で、「友」というのは、「自分の命を託するに値する相手」を意味します。しかし、イエスはそうした人のために命を捨てたのでしょうか。違います。もうすでに死んでしまったと伝えられた病人、あるいは、イエスを裏切ったスパイ、そしてイエスを祭り上げてローマからの危機を呼び込みかけた群衆を、イエスは「友」と呼んで、自分のいのちを与えていった。それが、「友のために命を捨てる」という言葉の意味です。この意味で、イエスの言う「友」とは、ローマの常識に反することです。

では、イエスの言うところの「友」とは、何を意味しているのでしょうか。答えは、14節にあります。「私があなた方に命じることをあなたがたが行うなら、あなた方は私の友です」。

イエスは、敵を愛することを命じました。それを真似るように、最後の晩餐が始まる前に、裏切り者の足を洗うパフォーマンスを以て、イエスは愛を明示しました。そしてここに、イエスは、自ら進む道を共に歩むようにと、「愛すること」という掟を定められました。ただそれだけを、イエスは命じられたのです。

もし、私たちがイエスの掟を守り、イエスと共に敵を愛する業に勤しむなら、私たちはイエスの友です。そして、その私たちのために、イエスはその命までも捨ててくださいます。それがイエスだということなのです。

今、私たちは福音の本質に触れています。福音とは、「良い知らせ」のことです。もし私たちが愛に生きるなら、私たちはイエスの友です。私たちはイエスのいのちを生きる者となります。その時、私たちは永遠の命に生きるのです。これが、良い知らせなのです。

今日、私たちはイエスの言葉を味わいました。それは愛を語る言葉でした。それは迫力を以て私たちに迫ります。今、福島は、敵意と怒りに溢れ返っています。東京電力があり、政府があり、放射能があり、福島を離れて行った人があり、福島を離れられない人があり、補償金をもらった人があり、もらえない人があり、移住した人があり、移住者によって生活が変わってしまった人があります。お金や物品で解決できない問題が溢れています。誰が、この福島に平安と和らぎを与えることができるのでしょうか。それは、福音を携えて人々の中に立ち、怒りを赦しに、苛立ちを微笑みに変えるために立ち尽くす、そういう人ではないでしょうか。教会は、福島の現実の直中に立ち尽くしています。神さまはきっと、ここに新しい業を為してくださると信じます。私たちは、その業を見るために、そして見たことを証しするために、ここに踏みとどまりたいと願っています。

おわりに

1　これまでの歩み

「核から解放される出エジプトの旅」は、始まりました。それは、国内外の巨大な教会ネットワークの中で、展開してきました。２０１１年からたったの４年間の間に、なんと大きな広がりの中を、私たちは歩んだことでしょう。東北ヘルプの歩みを振り返り、箇条書きにして整理してみますと、以下の通りとなります。

a　２０１２年８月にニュージーランドのクライストチャーチおよびオークランドの諸教会を訪問し、世界教会協議会（ＷＣＣ）釜山大会で協働のブース展示を行うことを決定した。

b　２０１２年９月17日に仙台市で「日韓キリスト者信仰回復聖会」を行い、韓国基督教教会協議会（ＮＣＣ韓国）と福島県キリスト教連絡会の責任者をお招きした。特に金鐘勳師によって「これから福島を中心に未曾有の悲しい出来事が起こる、その場に立ちつくし、そこに行われる神の業を見る証人となること」が参加するすべてのものの責務として確認された。

c　2012年9月29日に仙台市で行われた諸宗教者の共同シンポジウム「原発と憲法九条」の現地実行委員となった。原子力発電所はいのちを脅かし、「恐怖と欠乏」をもたらし、「平和のうちに生存する権利」（日本国憲法前文参照）を脅かすものであることを確認した。

d　2012年10月8日に福島県須賀川市で行われた証言集会「福島の震災を語る会」におけるファシリテーターとして、証言の重要性とその神学的解釈の不可欠であることを提言した。この集会を下地として、『フクシマのあの日・あの時を語る』（いのちのことば社、2012年）が出版された。

e　2012年11月1〜4日、インドネシアで行われたアジアキリスト教協議会主催「環境・経済・アカウンタビリティに関する協議会」に参加した。核発電所（原子力発電所）を巡る問題は環境と経済の問題が相克する焦点を持っており、この問題は周縁化の問題を解決しなければならない難問であって、その解決の鍵は、地域と密着し世界と直結している教会にあることを発表した。

f　2012年12月4日から7日、福島県会津で行われた諸宗教者共同の「原子力に関する宗教者国際会議」の現地実行委員会を編成した。会議全体は「原発と原爆とはその本質において同一である」ことを確認した。東北ヘルプは現地の人々の声に応答する国際会議でなければならないことを主張し、またとりわけ張允載師の発表に対して応答し、放射能禍に悩む人々に十字架のキリストを見出した後に「如何に祈るのか」という問が残ることを指摘した。

g　2013年2月14日〜18日に行われた「日韓教会交流及び宣教協力増進ツアー」の実行委員となった。このツアーによって、被災地の牧師14名が韓国の諸教会で奉仕し、被災地の現状報告を行いつつ、WCC釜山総会へ向けた韓国教会との連携を深めた。

h　2013年3月27日に東京で行われた「第二回東日本大震災国際神学シンポジウム」に協賛した。R・マウ師および中澤啓介師との対話を通して、神義論の課題に「如何に祈るのか」という課題から取りだされる視角を示し、「十字架のキリスト」に加えて「復活のイエス」を語る使命を教会が帯びていることを主張した。

i　2013年5月13日に福島市で行われた諸宗教者共同の「福島宗教者円卓会議」の開催に現地実行委員とし協力した。福島に関わる諸宗教者および避難当事者の声を集めつつ、核発電所（原子力発電所）に対する諸宗教から発表されている声明文を集約し検討する必要を訴えた。

j　2013年6月18日から25日にかけて、ソウルでWCC釜山総会への準備会合を行い、「大都市での被ばく」は世界で初めて福島が体験している事柄であり、核発電所（原子力発電所）事故のみならず核戦争に不安を覚えるすべての人々にとって、福島で起こりつつある出来事の証言は貴重な価値を持っていること、とりわけ、その神学的・信仰的な証を21世紀の世界が必要としていることが、確認された。

k　2013年8月29日から一週間、ソウルで世界教会協議会（WCC）釜山大会への準備会合を行い、大会内に開催する「フォーラム」について、韓国諸教会との調整を行った。

l　2013年9月4日から4日間、「福島と連帯するジェリコ・ツアー」と題して研修旅行を企画し、韓国および台湾の教会代表者をお招きして実施した。この旅行を通して、被ばく地・福島の現場において放射能問題について学ぶ機会を得、WCC総会の準備とすることができた。

m　2013年10月31日から11月8日、釜山で行われたWCC第10回総会に参加した。ニュージーランド・クライストチャーチの「クリスチャン・フォーラム」と共にブースを展示し、連日「アドボカシー・フォーラム」を企画実施した。また、核から解放された世界を目指す有志によって期間中行われた「釜山ネットワークカフェ」に参加し、このWCC総会が核を巡る宣言を表明できるよう尽力した。総会の公的会議に参加し、福島の被ばく現場からの視点で、正義と平和の問題について意見を表明した。

n　2014年2月15日・16日に東京で行われた「第3回東日本大震災国際神学シンポジウム」

に協力し参加した。その中で、放射能汚染地帯で生きる人々の「避難する権利」と「留まる権利」について、議論をした。我々は、WCC第10回総会において見出した正義についての定義（正義とは具体的な不正義に対する異議申し立てである）をこの問題に適用して議論した。

o　2014年3月7日、ニュージーランド・クライストチャーチの「クリスチャン・フォーラム」と「福島県キリスト教連絡会」との会合を、福島市内で行った。我々はそこで、ニュージーランドが「核から解放された国」となった道程を共有した。参加者の一人は、福島に住む者として、ニュージーランドの歩みに未来への希望を得たと語った。

p　2014年3月11から14日、仙台市内で行われた「東日本大震災国際会議」に参加し、「Nuclear Free World（核から解放された世界）」へ向けた議論に参加した。

q　2014年4月21から27日、韓国ソウルおよびカンビョンにて会議を行った。とりわけNCC韓国の核問題を担当する責任者との会議を通し、7月に行われるWCC中央委員会で「核のない世界へ向けた声明」が採決されることを目指しつつ、その先を見据え、核の問題が他の問題（基地・移民・環境・グローバル資本主義等）と相互に関連しあっていることを確認し、他の問題への取り組みと核問題との取り組みが相互に連関しあうような議論の土俵を作り出さなければならないという目標を共有した。

ｒ　２０１４年５月７日、台湾台北市にて台湾長老教会およびＮＣＣ台湾の代表者と会議を行った。東日本大震災国際会議宣言文を、日本基督教団の「戦責告白」に続く罪の告白として、紹介した。極めて温かい、赦しと和らぎに満ちた接遇を賜ったことは、強い印象となって残った。

ｓ　２０１４年５月９日早朝、韓国ソウル市新潔教会にて行われた韓国福音主義協議会（Korean Evangelical Fellowship＝ＫＥＦ）例会に出席し、挨拶を行い、朝食会に出席した。この席で、上記「ｐ」の国際会議にＫＥＦの皆様が出席くださったことへの感謝を述べ、その成果を報告した。

ｔ　２０１４年５月９日午後、韓国ソウル市梨香女子大学で行われた日中韓神学フォーラムに、日本基督教学会員として出席し、「超越への経路としての祈りと儀式」と題した英文による発題を行った。

ｕ　２０１４年５月10日、韓国ソウル市にて金容福博士と３時の会議を行った。核を巡る問題の国際的広がりを捉えるために、「テクノクラシー」が課題の焦点とされなければならないことを確認した。

ｖ　２０１４年７月３日、フランス領タヒチ・パペーテ市において行われた催事「ムルロア・エ・タトゥ」において〝フクシマの石〟を贈呈した。

ｗ　２０１４年10月23日から25日、韓国ソウル市にて行われた「第１回国際平和ＮＧＯカンファレンス」に出席し、日中韓の歴史を踏まえた平和構築と核の問題について議論した。

x　2014年12月1日から3日、スウェーデン・スギトゥナ市でWCCが開催したコンサルテーション・ミーティングに参加し、声明文策定後の方途について議論を行った。

y　2014年12月8日、仙台市へのWCC総幹事訪問に際し、福島県キリスト教連絡会と協力し、エマオでの会議においてフクシマの現状を報告し今後に向けた討議を行った。

z　2015年2月3日から5日、NCC韓国が主催した国際会議に参加し、台湾と韓国の代表者と議論し、「Local Initiative, Global Responsive」という原則の意味を確認し、「核廃棄廃絶運動」と「反原発運動」との接点としても「国際被ばく者連帯」が重要であることを学んだ。

この歩みの中で、本書の関係においては特に、上記「s」と「z」について、少し丁寧に振り返ってみたいと思います。それは、この本を終えた先へと私たちが歩み続けるために重要だと思うからです。

2　責任看取という「栄誉ある務め」

2014年3月に日本基督教団主催で行われた「東日本大震災国際会議」は、国際的に見て、極めて重要な意味を持つことになりました。日本を代表する教団（と目されている）日本基督教団が主導して、原発問題についての「罪の告白」を、放射能被災地である東北で行った（巻末「資料②」を参照）。このことは巨大な意味を持ちました。

「アンガージュマン」という言葉があります。もう古い言葉になりました。哲学者サルトルが20世紀の後半に流行させた言葉です。「参与」と訳されていましたが、これはむしろ「責任看取」と訳すべきではないかと、震災後の課題を学び合うワークショップで、似田貝香門《にたがいかもん》氏が発言されていました。

本書第II部で確認しました通り、「アンガージュマン」が議論された頃、WCCでも「当事者参与」ということが重視されるようになりました。当事者が参加することの重要性が、国際的に確認されたのです。それはしかし、一つの課題を超えなければなりません。それは、「責任の看取」です。そこに、ひとつの問題があるとしましょう。例えば太平洋を汚染し続ける原発がある。その場合、その問題に当事者が立ち上がらなければならない。なるほど。でも、こういう意見もありうるでしょう。その前にまず、そこに放置されている「責任」を誰かがとらなければならない、はずだ。しかし、どうやって？——こうした場面に直面して、だれもが、茫然自失してしまう。結果として、当事者は沈黙してしまい、結果、問題は放置されます……そうした悪循環が、例えば東アジアの「歴史」を巡ってずっと継続してきているように思われます。これを断ち切るには、どうしたらよいのか。

これを原発事故でも繰り返さないためには、どうすればいいのか。

「東日本大震災国際会議」の声明文は、その答えを出したように思います。「責任をとらなくてもよい人＝犠牲者」であり、同時に「責任を取るべき人＝加害者」の一部でもあり、そしてさらに「責任を取り得る人＝赦されてある人」——そんな人がいれば、たとえば「原発問題」のような巨大な問題を前にして「責任看取＝アンガージュマン＝当事者参与」ができるのではないか！……そうした可能性を、明確な形で、この声明文は提示しました。実に、教会は、「誰も取れない責任を取る」ことができます。それは、膠着《こうちゃく》した平和への動きを再び動かす潤滑油の一滴となり得ます。私はここに、教会の「栄誉ある務め」があることを感じました。

そしてそのことを、私は、台湾と韓国で噛みしめることになります。その実例を示す資料として、以下に、韓国で行った「挨拶」を御紹介したいと思います。この挨拶は、韓国語に訳されて、KEFのホームページに掲載されています。

挨拶

川上直哉牧師　日本基督教団正教師・仙台　日本

2014年5月9日　新村聖潔教会

おはようございます。今朝、このとても明るい朝、この礼拝堂で、幸せな時を過ごしております。極めて周到に用意された発表の時に触れましたことは、本当に幸いなことでした。そしてまた、その一つ一つの発表に、穏やかな姿勢ではっきりと向き合われた応答に、新鮮な驚きを覚えました。これまでにも私は、韓国でいくつかの教会を訪問しましたが、今朝は、韓国に来て最も大きな感動を受けた喜びを体験しました。

実に、先輩方が真剣ながらも楽しく議論する姿をお目にかかった後、私のように若い牧師がこの位置に立ってごあいさつすることができるこの時間は、私の大きな名誉です。

今日の礼拝時間に、私の心は大きな感動を覚えました。

日本でも、韓国に起きた大きな事件であるセウォル号の転覆事故について、報道がなされています。そして韓国に来て、多くの方々が悲しみ痛恨しながら悔い改めをしている様子を見聞きしました。そして今日、皆さんがその事故を契機に、深く自らを省み、自身の信仰を点検し、悔い改めをしておられる様子を、見たのでした。

ところで私どもの日本はどうでしょうか。

原子力発電所の事故は私たちの大きな責任です。自然を破壊しました。たくさんの家族がばらばらになりました。未来につながる「いのち」そのものが、たくさん傷つけられてしまいました。私たちの手によってシャロームがこわれてしまった。なんという深刻な事態でしょう。

では、そのことで、日本の教会はどの位、悔い改めをしているのでしょう。これを考えながら、礼拝を共にする私の胸は、とても痛んだのです。

日本基督教団は去る3月11日から四日間、仙台で国際会議を開催しました。私は日本基督教団の牧師であり、福音主義の教会も参加する仙台キリスト教連合において、被災支援の責任者として仕事をしています。そこで私は、この3月の国際会議に韓国福音主義協議会の皆さまが参加するように、各方面にお願いをしました。日本のキリスト教界において福音主義連盟と日本基督教団が共に進むために皆さんの力が必要だ、との確信の故にです。そして、皆さまはこの招請に応じてくださいました。今あらためて、KEFの皆さまに、心よりの感謝を申し上げます。

皆さまが参加してくださり、祈ってくださいました国際会議は、実に大きな成果を挙げることができました。それは、会議として発表した「宣言文」において、罪に対する悔い改めをすることができたということです。つまり、私たちは、罪の告白をすることができたのです。

1960年代に、日本基督教団は、戦争に対する罪の告白をしました。これは日本の教会の中で最初になされた罪の告白でした。私たちはこの罪の告白を私たちの宝物だと考えています。

そして長い時間が流れ、２０１４年3月の国際会議でやっと、私たちはもう一度罪の告白ができました。私たちの貪欲や無責任が、つまり、私たちの罪が、日本を含む全世界多くの人々に苦痛を与えたと、告白することができました。

その告白を可能としたのは、皆さんの祈りの力です。20人を越える方々が韓国からきてくださり、共に祈り、励ましてくださいました。私どもにとって、その意味は、非常に大きかったのです。

このように素敵な場において、このことに対する感謝を皆さんに差し上げることができますことは、私にとって大きな喜びです。本当にありがとうございました。

以上、心からの感謝を以て、ご挨拶を申し上げました。

3　国際的な連帯

もう一つの振り返るべきことは、２０１５年2月のソウルでの会議のことです。そこで、韓国からの代議員としてＷＣＣ中央委員会に出席したベー・ヒョンジュ博士から、声明文「核から解放された世界へ」成立の「裏話」をお伺いすることができたことでした。

本書第Ⅱ部に詳述しました通り、声明文はＷＣＣ総会で「継続審議」となりました。本会議場はその措置に騒然となりました。なぜなら、その審議において発言を求めていた二人の日本の代議員（西原廉太師と木谷佳南師）に発言を許さず、英国とドイツの代議員の演説だけを聞いて、審議が打ち切られたからでした。

その現場の様子を、ベー博士は以下の通り報告なさいました。

英国の代議員ピーター・フォスター司教は、「原発が無くなれば電気が不足する」という趣旨の演説を行いました。その演説に対する反対演説として、日本からの二人を含む幾人もの代議員が手を挙げました。しかし、議長はドイツの代議員を指名しました。なぜ、当事者の声を聞かないのか。この疑問について、後に二つの仮説が出されました。一つは、〝大国〟である英国への対論としてはドイツがふさわしいと判断されたのだろう、というもの。もう一つは、日本人はやはり背が低いので、挙げた手が見えなかったのであろう、というものでした！

この措置に、非常にたくさんの方々が怒りを覚えました。ベー博士もその一人でした。それで、他の人々と同様、博士もまた、その後出席する国際会議ごとにその措置の不当性と声明文の必要性を訴えて回ったそうです。そして、米国で行われた国際会議の休憩時間のこと。ベー博士が、ある英国教会の女性指導者に一所懸命この話をしていると、すぐ傍を「問題の」フォスター司教が通りかかります。話を聞いてくださっていた方は、フォスター司教を呼び止めた！ そしてその場は、期せずしてフォスター氏の反対意見を丁寧に聞き取る機会となったのでした。これは、ベー博士にとっては重要な機会となりました。ベー博士は、中央委員会の中で、声明文を作成する委員となっていたのです。そこで、この時の会話で理解できたフォスター司教の意見を声明文に書き込み、本会議でそれを審議させるという手続きを踏むことで、フォスター司教の「顔が立つ」工夫をします。その意見は、以下の文言として、声明文案に書き込まれたのでした。

WCC中央委員会は、核エネルギーという難しいテーマについて未だ自らの立場を整理することができない教会の存在に鑑み、核エネルギー問題を扱う際には状況によって様々な意見を採択する教会があり得ることを認めることとします。

そしていよいよ、7月となり、中央委員会が開催されます。その直前、フォスター司教は「欠席」するというニュースが入ります。これで、まず一つの難題が解決した。そう思って会議場に向かうバスの隣に、もう一人の英国の代議員であるレスリー・ナタニエル司教が座ったそうです。

「神様がくださったチャンスだ！」と感じたベー博士は一所懸命にナタニエル司教に話しかけ、この声明の必要性を訴えました。

実は、このナタニエル司教は、日本の代議員である西原廉太師の古い友人でした。西原師は既にこの時までに何度もナタニエル司教と相談を続けていました。そしてナタニエル司教は会議中、この問題では発言を（敢えて）控えるという選択をされます。

中央委員会本会議が開催されたその初日、西原師は発言を求め、認められます。西原師は、自身が所属する日本聖公会が原発に対して厳しい姿勢で臨んでいることを強調してから、判決が出たばかりの「大飯原発3、4号機運転差止請求事件判決要旨」の一部分の英訳を読み上げました。

つまり、以下の言葉が、ジュネーブの会議場で、読み上げられたのでした。

「大飯原発3、4号機運転差止請求事件判決要旨」第九項

他方、被告は本件原発の稼動が電力供給の安定性、コストの低減につながると主張するが、当裁判所は、極めて多数の人の生存そのものに関わる権利と電気代の高い低いの問題等とを並べて論じるような議論に加わったり、その議論の当否を判断すること自体、法的には許されないことであると考えている。このコストの問題に関連して国富の流出や喪失の議論があるが、たとえ本件原発の運転停止によって多

額の貿易赤字が出るとしても、これを国富の流出や喪失というべきではなく、豊かな国土とそこに国民が根を下ろして生活していることが国富であり、これを取り戻すことができなくなることが国富の喪失であると当裁判所は考えている。

また、被告は、原子力発電所の稼動がCO2排出削減に資するもので環境面で優れている旨主張するが、原子力発電所でひとたび深刻事故が起こった場合の環境汚染はすさまじいものであって、福島原発事故は我が国始まって以来最大の公害、環境汚染であることに照らすと、環境問題を原子力発電所の運転継続の根拠とすることは甚だしい筋違いである。

この演説のあった夜、30を超える代議員の方々が賛意を表明するメールを西原先生にお送りくださったそうです。そうした後に「核から解放された世界へ」の声明文案が上程され、意外なことにドイツの代議員からの異議申し立てがあり、そして議論が交わされた結果、ベー博士が書き足した「フォスター司教的文章」が削除され、現在の声明文が出来上がり承認を得た。これが、「核から解放された世界へ」と題されたWCC声明の成立過程の最後の出来事でした。

私たちは、人間が作り出す教会の中に神さまの業を見る者です。それは、たくさんの行き違いや志の相違によって、時に政治的な喧騒を伴いながら、混乱の中で進みます。しかし、もし私たちが「犠牲者の呻吟する声」に耳を傾けているなら、そして、私たちが互いを家族と思って愛し合うなら、きっと、私たちの混乱をも用いて、神さまはその御業を成してくださいます。そのことを、2月のベー博士の報告は、雄弁に語ってくださったものと思います。

4 再び現場へ

以上の他に、語るべきことは、まだまだたくさんある気がします。それほどに、この4年間の旅路は豊かなものだったのです。その中でも特に、渡部治雄先生と岩田靖夫先生を天国にお送りしたことは、寂しい出来事でした。渡部先生は日本基督教団仙台北三番丁教会の役員としてご厚《こう》誼《ぎ》を賜り、2014年12月に教会で放射能についての報告をさせて頂いた際には「今後は科学者の助力が不可欠となること」を指摘してくださいました。そしてそれが私との最後の会話となったのです。渡部治雄先生は2015年1月5日に召天されます。また、岩田先生は、仙台白百合女子大学カトリック研究所の新任研究員であった私の思索を喜んでくださり、励ましつつ対話し「原子力が悪である倫理学的根拠」を明快に示してくださいました(1)。私はその哲学議論に神学者としての感謝と応答を行い、議論はこれから始まる、と思った矢先、2015年1月28日に岩田靖夫先生は天国へ旅立たれました。

今、国内外を行き来しながら、少しだけこれからの展望を抱いてみますと、背筋が寒くなる思いがします。出エジプトのイメージで言えば、今、あるいは現場は「十の災い」の中に突入しつつあるのかもしれないのです。災いを無視しようとしたばかりに、エジプト人は、度重なる天災に打ちのめされ、最後は子どもの命が奪われます。それと同じことが、今、起こっているのではないか！——しかし、私たちキリスト者は、その「最後の犠牲」は十字架の出来事で既に終結している、と信じていたはずでした。その教会の物語は、いったいどのようにして、これから、フクシマで語られるのか。私たちはそこに、神さまがなさることを見るのでしょう。だから私たちは、立場も資金もない貧しく小さなキリスト者として、現場に張り付くことで、これから起こる出来事をよく見、そして世界中の人々に証しようと思います。ここできっと、私たちは、神さまがなさる新しい「良いできごと」を見るはずだ、と、そう信じて。

最後までお読みくださいましたみなさまと、忍耐強く編集作業を担ってくださった安田正人さんに、深く深く感謝して、「核から解放された世界へ」の歩みを記した最初の書物を、ここに終わりたいと思います。

（２０１５年2月25日）

注　（1）この議論は、２０１５年に仙台白百合女子大学カトリック研究所から発刊される『論集』に収録。

付録：私の信仰歴――3・11に立つ者が歩んできた道

この度、東北の被災地で神様が何をしておられるのか、証しさせていただく機会を賜りました。これこそ「主の恵みを数える」幸いを得る機会と喜び、以下の通り、申し上げます。

1 出生から成人まで

1973年9月29日に、北海道旭川市で、私は産まれました。父はバイブル・バプテスト・フェローシップの牧師として、北海道恵庭市（当時は市ではなかったはずです）の伝道牧会に励んでいました。根本主義を頑強に奉じる神学校（父のすぐ後輩に、現在の日本福音同盟理事長・中臺《なかだい》孝雄牧師がおられます）を卒業する際に取り交わしたミッションボードとの約束が違えられ、牧師給が滞り、自給伝道の日々であったと聞いております。私の生まれる2年前には長男として兄が生まれており、その生活が困窮していたであろうことは、想像に難くありません。

父は、その後、同じ教団内の東京聖書バプテスト教会に招聘されます。この教会は今でも活発な活動を続けていますが、1975年頃、主任牧師が病を得て、重篤《じゅうとく》な状況となります。それで、副牧師として父は招聘を受けたのでした。

父は、招聘を受諾するにあたり、当時の日本基督神学校（現在の東京基督教大学大学院）に入学することを求め、教会はこれを受理しました。幼い私は、神学校の家族寮（東京都東久留米市にあったそうです）に住まうことになります。

その後、日本基督神学校は東京基督神学校と名前を変え、国立へ移転することになり、私たちは東京聖書バプテスト教会の牧師館に転居することとなります。そのころ、父の厳しい牧会姿勢は教会を二分しており、そして、主任牧師が健康を回復しつつありました。そんな折、1977年のことだと思います。牧師館の隣の空き地に放火があり、類焼した牧師館が全焼することになります。父はそのころ、教会での居場所を失いつつあったこともあって、神学校卒業後に英国にピューリタンの研究をしに行こうと神学研究を進めておりましたが、そのノート一式すべてを焼失することになり、その人生の進路は変更を余儀なくされました。父は、故郷伝道を決心し、東京基督神学校を卒業後、教団を離れ、開拓伝道をすべく、故郷の群馬県邑楽郡《おうらぐん》大泉町へと転居して行きます。

群馬で、父は「成功」して行きます。新聞配達の仕事は大きな資金を父に与え、ほぼ自力で、教会堂を一つ立ち上げます。「大泉聖書教会」として、その教会は今でも活動を続けております。父はそこで、私たちを「非国民となるように」しつけました。父は私たち三人の息子たち（東京で弟が生まれていました）に、第二次世界大戦における日本の加害者としての責任を繰り返し言い聞かせ、丸山真男と大塚久雄を引きながら、加害者となっていった原因としての天皇制の総体的な意味を教え、そこから生まれる差別について、教会のそばにあった「被差別部落」の現実を示しつつ語り、聖書と正統信条にのみ立って生きる信仰者となるよう、厳しく指導したことでした。

兄はその父の激しい姿勢と、折り合いがつかなくなって行きます。ちょうどそのころ、母は、家計を助けるべく、重度心身障がい者施設に働き始めます。その施設を退所した人のために教会敷地内にプレハブ住宅を建て、同居するようなことも致しました。中学生となった兄は、そのプレハブの二階をあてがわれ、いよいよ精神的に独立し、父とは激しく言い争うようになりました。一方で私は、次男らしく（?）、兄とは反対に、父のすべてを吸収するようになっていきました。父の書棚には、数多くの「全集」「著作集」があり、とりわけ、アウグスティヌス著作集と内村鑑三全集は、私にとって、歯が立たないながらも手に取ることが喜びとなる本でした。父は、喜んでそれらを私に読ませてくれました。

群馬で10年の時が過ぎたころ、父は突然、引っ越しをすると宣言しました。私より3歳年下の弟が、「土地の子ども」らしい様子を示し始めたことが、その決断の理由だと、父は私たちに語りました。「アブラハムのような人間でなければならない。旅人・寄留者がふさわしい」と、父は断固としていました。そして、海外の日本人伝道を志し、各方面に情報を求めつつ、教会の後継者を求めました。

教会に後継者はすぐ与えられました。教会堂建築の借金はすべて父個人が背負う、という約束の下での招聘です。難しい招聘ではなかったのだろうと思います。ただ、父が行くべき次の任地が決まりませんでした。それでも、後継者を決めてしまった以上、牧師館と会堂を譲り渡さなければなりません。それで、千葉県にある「望みの門」に、私たちは身を寄せることになります。

「望みの門」は、ドイツのミッドナイト・ミッションが設立した施設で、主に日本同盟基督教団とそこに関係する諸教会がこれを支えている、複合福祉施設でした。そこに母は就職し、その職員住宅に私たちは住まうことになります。北関東の、海のない群馬県から、海辺の南房総・千葉県富津市への移住でした。住宅は牛小屋・鶏小屋の脇にありました。夏になると、網戸にびっしりとハエがたかる様子は、今でもよく覚えています。北海道新聞の記者の娘として「箱入り娘」であった母は、どれほど、そこで苦労したことかと、今は懐かしい思い出になっています。

父は、相変わらず赴任先が見つからず、困っていたところ、日本神学校時代の先輩の牧師が、招聘のお声をかけてくださることになります。北陸にある聖書協会連盟の中心教会・内灘聖書教会の副牧師の任務でした。神学校では父の先輩だった主任牧師は、開拓から100名を超える出席者にまで教会が成長したことを契機として、複数の牧師での牧会体制を目指すこととし、自分とは全くタイプの違う父を、牧師として迎えようと志したのでした。私たちは、まったく文化の違う北陸・金沢へ、転居して行くことになります。私が高校2年生になる年のことでした。

このころ、私は、大きな信仰的危機を迎えていました。群馬から千葉へ引っ越し、転校した中学校では「周囲の言葉が聴き取れない」状況（群馬と千葉県南房総では、言葉が、あまりにも違ったのです）にありながら、しかし、よいクラス担任教師の支えを得、良い友人に囲まれて、楽しい日々を送っていました。高校入試については、ほぼ「不可能」と言われたレベルの学校に「祈りを以て」奇跡的に入学することができました。それは本当に、大きな出来事でした。そして、その日々は、暗転することになります。高校に入りました私は、「神様の恵みによって」入学できた意味を考えた末、熱心に校内伝道に励み、そして、いじめられることになるのです。

いじめは、「とにかく川上と口を利かない」というものでした。全ての人が、私を「いないもの」として取り扱う。それは、1989年5月から始まりました。高校教諭たちもその異常さに気づきながら、どうすることもできませんでした。いじめの現場に立って、私に理解できたことがあります。それは、周囲のすべての人々は、自分がいじめられないために、私をいじめる、ということでした。そして私は、一つのことを考えました。自分が攻撃されている間は、すべての人が、攻撃されないで済む。全ての人の身代わりの犠牲。ここに、キリストの業の模倣がある、かもしれない、ということです。そうして、私の高校一年間は、誰とも口をきかない中で、終わって行きました。その中で、私は数多くの神学書を読み、また、聖書を、血の滲むような思いで読み、そうして、実に神様との濃密な時間を過ごしたのだと思います。

高校二年生となった私の転校先は、石川県立金沢西高校という、新設の高校でした。そこで私は、完全な「外来種」として過ごします。言葉は、また、通じませんでした。しかし内灘聖書教会には素晴らしい交わりがあり、そしてよい友人を得ました。もう人に心を開けなくなっていた私ですが、良い人間関係の中に、ゆっくりと癒されたのだと思います。

そのころ、兄は青山学院大学に入学して新聞奨学生として横浜に住んだ後、行方をくらましていました。そして父は、副牧師として奉職している内灘聖書教会の主任牧師と、すぐに喧嘩別れをしてしまい、半年経たないうちにそこを辞任し、千葉へと戻って開拓伝道地を探し始める単身赴任をします。その結果私は、石川県内の福祉施設に就職した母と、中学生になっていた弟と、内灘聖書教会の牧師館で（！）暮らすことになります。その時の母の辛さは、想像に余りあります。古いジェンダー思想を信仰でくるみ強固に保持している母は、「一家の大黒柱として」私を遇しました。

そして、私は大学生になります。もう、私の「子ども時代」は終わろうとしていました。

2　震災まで

高校三年生の私は、どうしても、大学で神学を学びたいと思いました。それは、私の小学生のころの夢であったと記憶しています。そう言えば父は、そうした夢を語る小学生の私が、聖書を何度も通読したと、嬉しそうに回想して語っていました。

しかし、日本において神学を学ぶための道は、あまり開かれていないように、当時の私には思えました。そのころ私は、極めて偏狭で固陋《ころう》（古い習慣や考えに固執して、新しいものを好まないこと。）な正統主義者として自らを定位していました。その私には、東京神学大学も同志社大学も関西学院大学も、すべてが「リベラル」であり「敵」に見えました。唯一の可能性は、そのころ大学になったばかりの東京基督教大学で学ぶか、あるいは、中世西欧の伝統に倣って一般大学で「哲学」を学び、その後に神学を学ぶか、その二つであると考えました。それで、無理と思いながら受けた立教大学から「合格」の知らせが来たときは、本当に驚き慌てたものでした。こうして私は、立教大学に入学することになります。父は、私が大学に入学する頃、千葉県の九十九里浜に新聞配達の職を得て、開拓伝道を開始していました。父の目算としては、私が父の教会を手伝って、立教に通えばよいと思ったようでした。しかし、立教はそのころ、一年生が全員、埼玉県の「新座キャンパス」に通わなければならないことになっており、千葉の東端からの通学は不可能であることを父が納得するまでに、ひと月もかかりませんでした。そうして、私は一人暮らしをするようになります。

立教大学では、「文学部キリスト教学科」に学籍を得ました。組織神学の担当者として、金子啓一氏が着任した年でした。彼は、「日本キリスト教協議会韓国問題緊急会議」の事務局として、光州事件を挟む数年間、韓国の民主化闘争への支援活動に取り組み、パウル・シュナイス宣教師と共に具体的に活動した後、ユニオン神学校で解放の神学を学び、帰国して西南学院大学で教えていたところ、木田献一氏から要請を受け、立教へ着任したのでした。彼は自分自身が保守的な信仰者の家庭で育ったことを述懐し、私をゼミに招き、厳しく指導してくださることになります。それは、私の信仰と神学を決定づけることになります。

金子ゼミで学んだことは、「現場の神学」ということでした。現場にあふれる呻吟の中で、聖書を「字義通り」読むこと。その時、モーセへの召命は自分の召命となり、イエスの業は私たちの業につながり、聖霊の業は「いま・ここ」の出来事となる。そういう実例として、ラテン・アメリカ、米国、韓国、フィリピンの神学とその背景の出来事を学び、厳しく叱られながら、固陋な自分を変えていただいた金子先生のご指導は、大学院博士課程まで続きました。

金子先生のご紹介で、日本聖公会のリベラルな神学を代表する塚田理氏のゼミに入れていただけたことも、私の信仰にとって、大きなことでした。塚田先生は、自らが立教総長に選挙で選ばれた際、就任の条件として「大学院のゼミひとつ」を担当させるようにと求められていました。その特別なゼミに、大学3年生の私を入れてくださるよう、金子先生が計らってくださったのです。そのために、金子・塚田の両先生と一緒に小さな会議を開いてくださったことを、今でも鮮明に思い出すことができます。

塚田先生は、聖公会神学の立場で、バプテストである私にしばしば鋭い質問を投げかけられ、私はそれによって「自分のバプテスト性」を深く自覚することができるようになりました。また、塚田ゼミには西原廉太氏（現・WCC中央委員）もゼミ生として出席しておられ、WCCとエキュメニズムについて、具体的な現場からの議論が展開していたことは、今に至る重要な学びとなりました。総じて、塚田ゼミで、私は、「教会」というものを学んだのだと思います。

立教大学の学部3年生の時（1994年）、塚田ゼミに出席しながら、私はもう一つ、大切な学びの機会を得ました。それは、渡邊公平師の個人レッスンでした。それは渡邊先生のご自宅で行われたものでした。渡邊先生は、私の父の恩師でした。「キリスト教と文化」を終生の主題とされた先生は、父に連れられた私がご自宅をお訪ねした時、既に卒寿を超えておられました。しかし、先生は、いったんお話を始めると、5時間でも6時間でも、休みなく、神学のお話を続けられます。それは、コーネリアス・ヴァン・ティル（Cornelius Van Til, 1895~1987）の弁証学を基本として、三位一体論と一位二性（二性一人格）論の意味を、丁寧に講義してくださるものでした。私の所謂「組織神学」的な基礎は、毎週先生のご自宅に通った数か月の間に、急速に固められたのでした。

金子先生は、近現代の組織神学の担当者として、細川道弘師を、立教大学大学院非常勤講師としてお招きになりました。既にパーキンソン症候群という難病を得て、余命宣告を受けていた細川先生は、私たち金子ゼミの学生を「最後の学生」として愛してくださいました。１９９６年に立教大学の大学院修士課程に進学した私は、とりわけ細川先生の愛情を受け、先生の胸を借りて素晴らしい討議を何度もさせていただきました。そしてそれだけではなく、その臨終の床に通うお連れあい様の運転手として、「人を看取る」ということを、体験させていただきました。その意味で、細川先生の薫陶は、いのちをかけた重いものとして、私の中に残っています。

大学院修士課程で、私は、フォーサイス（Peter Taylor Forsyth, 1848~1921）を主題として選びました。

日本に多大な影響を耐えたこのスコットランド人の神学が、どのようなコンテクストから生まれたのかを究めようとする15年間の日々が、始まったのでした。

その最初の成果としての学位論文が纏まり、立教大学から修士号を得て、すぐに私は自分自身の経済的な現実に向き合うことになります。決して裕福ではなかった両親は、無理をして学部の入学金を調達してくれましたが、その後のすべては、奨学金という借金に頼ることになりました。その総額は、既に一千万円に近い金額になっていました。その借金を返すために仕事を求めた私は、東京基督教大学の職員募集のチラシを目にすることになります。応募したところ、父を知っている人たちが多くいるこの学校は、私を神学生寮の担当者として、雇用してくださったのでした。

神学校での日々は、「教会」というものを深く学ぶ素晴らしい日々でした。「牧師」「神学者」「神学生」と呼ばれる人々が、時に「信仰的ではない」立居振舞いをするということ。そうした実例を間近にたくさん見ることになりました。若い私の目に、それは「偽善」と映っていました。煩悶しながら、私はある日、はっと気づきました。すべてが神への捧げものとして成立し、毎朝・毎昼に祈りと説教と賛美が行われる場所であっても、神から離れている。最も神に近いところとして設定された場所が、それでもなお、神から離れている。と、言うことは、ここここそ、神からもっとも離れた場所、つまり地獄なのではないか。そして、十字架は、神から最も離れた場所に打ち立てられた。キリストは陰府に下られた。ということは、つまり、ここそが、神に最も愛された、神の恵みあふれる場所であるのではないか。教会とは、つまり、そういう場所ではないか。

以上のようなラディカルな、そして厚顔にして僭越なことを、神学的な装いを伴って、心底からの言葉で言い募る私を、私の上司たちは困惑しながら、しかし慈しみ、育ててくださいました。それは大きな愛であったと思います。まことに、東京基督教大学は、神の愛のあふれる場所であったと、今、私は深い感謝を込めて、証しすることができます。

神学生寮で、私は、多くの神学生と神学議論を交わすという幸いに恵まれました。その中で、驚くべき矛盾に気づかされました。福音派と呼ばれる諸教会から送り出されてきたこの神学生たちは、日本基督教団を「リベラル」という。しかし、立教大学では、日本基督教団を「保守的」と呼んでいた。これは、いったい何であろうか。折しも、近藤勝彦氏がフォーサイスを用いつつ、1970年代の教団「紛争」と、1960年代の「体質改善」と、その両者を一体とした歴史認識を展開し、一つの勢いを産み出していた頃でした。私は、日本基督教団というものを理解したいと思い、日本基督教団鎌ヶ谷教会に客員としての籍を求めました。当時の主任担任教師である内田 汎牧師（現在、西東京教区大宮前教会牧師）は、以上の私の動機を聴いた上で、喜んで、教会員と同等の待遇を以て私を迎え入れてくださいました。そこから、私の日本基督教団での生活が始まります。

私は、1999年に大学院博士課程に籍を得、職員との「二足の草鞋」を履いていました。入学試験において、点数が不足していた私を「自分の責任で」と強く推薦し、入学を決めてくださったのは、やはり、金子先生でした。金子先生は、電話で、「いっしょに戦う仲間であってほしい」と、そう励まして、入学の許可を直接伝えてくださったのでした。しかし、私は神学校での働きに生きがいを感じてもおり、その後の学びは、極めて進捗の遅いものとなっていました。

そうしたなかで、2000年クリスマスに、私は婚約をし、2001年4月28日に生涯の伴侶を与えられました。妻は、私に、「世界を救う神学者になれ」と、真顔で語り、自身が公務員試験を受けて仙台に職を得、私は神学校の職を辞することになります。妻は法務教官（少年院の教員）となり、仙台の少年院官舎に、私たちは住まうことになりました。2002年のことでした。こうして、博士論文の作成は一気に加速することになります——それでも、博士号取得までに、この後さらに8年を要したのではありますが。

仙台で出席するべき教会を探した私は、日本基督教団仙台市民教会に行き着きます。「駐車場のある教会」を、と探したなかで、〝たまたま〟行き着いた教会でした。8月のある日曜日のことだったと思います。教会の礼拝は、二人で守られていました。ひとりは牧師夫人、ひとりは受洗したての初老の男性でした。初老の男性が奨励を行い、フィレモンへの手紙を朗読して、「私はこの手紙を読むたびに、涙が出ます」と、それだけを、涙を流しながら、語っていました。私はいたく感動し、この教会に出席しようと決めました。

この教会の牧師は、戸枝義明氏でした。キリスト者平和会議の日本代表として、独立独歩の歩みをした戸枝牧師は、私が仙台市民教会に足を踏み入れたその頃、最後の入院をしていました。そしてほどなく、戸枝牧師は天国へ旅立ちます。残された小さな教会の礼拝が続行するための奉仕に、私は喜びを感じました。幸い、戸枝牧師の古い友人・西間木一衛牧師が、手伝ってくださることになりました。既に喜寿を超え、一度説教壇で心臓発作を起こして倒れ、その後に隠退教師となっていたこの老牧師は、戸枝牧師亡き後の代務者として、仙台市民教会を牧してくださいました。私は役員となって西間木先生の送迎と教会事務を担い、併せて、ギリシャ語の訓練を西間木先生にお願いし、日本基督教団の教師検定試験に備えることとしました。この小さな、しかし尊い教会を、その最後の時まで、守る役割を担いたいと思ったからでした。

そして月日は流れ、私は一児の父親として主夫業に勤しみつつ、大学で非常勤講師をしながら、博士論文の完成を目指して研究を続けていました。そして、2010年の春、私は神学博士号と日本基督教団補教師准允《じゅんいん》の両方に与ることになります。

3　震災以降

２０１１年3月11日は、私の人生の転機となりました。教会員はすべて無事であり、震災直後の礼拝は、私が初めて仙台市民教会に足を踏み入れた時にフィレモンへの手紙を朗読して涙を流していたあの方と私の、二人だけで守りました。そしてその週の金曜日、仙台キリスト教連合は会合を開き、「被災支援ネットワーク・東北ヘルプ」を立ち上げ、私は事務局長となります。この働きは、日本キリスト教協議会加盟教団と、日本福音同盟加盟教団と、その両方の広がりの中で展開しました。私の遍歴は、その際に大きな助けとなりました。

とりわけこのなかで、私にとって大切な出来事となりましたのは、諸宗教者との協働が、震災の中で生まれたということでした。それは、ジョン・ヒックの紹介者であった間瀬啓允《ませひろまさ》教授のゼミに、立教大学大学院修士課程時代の私が参加して得た「宗教多元主義」への疑念を確認する機会となりました。宗教者は、自らの信仰に、絶対的な価値と意味を見出している。だから、他の宗教者と、現場では協力し合える。それは危機の現場でのみ起こる協働であり、それは、危機の後に起こる競争の前触れである。そういうことを、現場で、私は学ぶことになりました。

震災後、私の説教は変わりました。それまで、「神学者」として恥ずかしくないように、という思いが先に立ち、「完璧な」完全原稿を作成して教会の日曜礼拝に臨んでいた私でした。しかし震災後、ほとんど「原稿なし」で説教をするようになりました。忙しい震災直後の中で、週報を作ることで精いっぱいであった、というのが実のところですが、それは、私に新しい世界を拓いたように思います。つまり、聴き手との呼吸の中に、聖霊の働きを感じるという沃野《よくや》（地味の肥えた、作物のよくできる平野）です。それは、牧会にも変化をもたらしました。祈りと賛美にこそ、教会の本質があることを、私は知るようになったのです。

この変化は、教会員にとって、好ましくないものであったようです。とりわけ、一人の役員が、教会をもっと奉仕の業へと開きたいと願う意見を表明されるに至って、教会の中には大きな亀裂が生まれました。祈りによってのみ成り立つ教会が、他の教会と横につながることで、神に召された奉仕者を産み出し、その奉仕者が、神の国を目指して社会へ出て行く。これが私の理解でしたが、そのあり方は、受け入れられなくなります。そして私は、２０１４年４月20日イースターの日の教会総会において、仙台市民教会の主任担任教師の任務を終えることになります。10年以上の長きにわたって携わった私の教会形成の働きは、こうして終了することになりました。

この展開は、バプテストである私にとって、大きな出来事となりました。私は、牧会者を、具体的な教会に奉仕する者としてのみ、理解していました。そして私自身は、奉仕する教会を失った。

それは、それまでの私の理解では、牧会者としての任務を終えることを意味していました。しかし、被災地はまだ呻吟している。教会の業として、東北ヘルプの業がある。その業を終えることは、まだ、できない。しかしどうやって、教会を失った私が、この業を担えるだろうか？——そうしてしばらくの間、私は再び「教会とは何か」と問うことになります。

そして私は、フォーサイスが「各個教会主義者」でありつつ「公同の教会」への信仰を強調していたことの意味を知りました。目には見えない「公同の教会」があるからこそ、私たちは、目に見える「各個教会」にキリストの身体を見ることができる。だから、私は、今もなお「公同の教会」に仕える牧会者である。そう、私は自らを定位することができたのでした。

そして不思議なことが起こります。仙台市民教会の主任担任教師を終える頃、日本基督教団原町教会が、無牧師となり、人手を必要としていることを知らされます。原町教会は、原発事故現場から30キロの地点にあります。私は、東北ヘルプの仕事として、毎週、福島県内のどこかへお伺いしていました。そこで直面し向き合わさせられた苦悩に対し、牧会者として語る機会を得られるならば、それは感謝なことと、私には思われました。教区総会議長にその意志を伝えましたところ、すぐに原町教会の代務者となられた保科隆牧師の理解と祝福をいただき、月に一度から二度、教会と付属保育園に、牧師としての仕事をしに行くよう、環境が整えられました。そして

２０１４年度の間ずっと、私は、原町教会を軸として、被災地の諸教会にお伺いし、牧師を問按し奉仕を手伝う日曜日を過ごすこととなります。「公同の教会」に奉仕するという志しは、このようにして、すぐに具体的な奉仕へと形を得て行ったのでした。

そして、ＷＣＣとの協働と、福島県内の多くの教会との協働から、今私は「フクシマの神学」を産み出しつつあります。それは、福音の力、つまり、「神様は、〝この〟世界を愛している」というメッセージの力を、具体的に形にしてゆく日々を、今、私にもたらしています。

以上、書き始めた時に想定したよりもはるかに長い、私の信仰歴となりました。長文を最後までお読みくださいました御忍耐に、深く深く、感謝を申し上げます。小さな器ですが、神様の業を見せて頂いてきた者として、今後とも、謹んで尊い御用にあたりたく存じます。どうぞ、宜しくお願いいいたします。

それでは失礼します。

【資料①　WCC声明文】［2014年7月2～8日世界教会協議会（WCC）中央委員会にて採択、D・マッキントッシュ／川上直哉共訳。岡口学の助言による改訂。］

核から解放された世界へ

核（原子力）の爆発と事故、そしてその脅威が大惨事を引き起こしている場所で、「世界教会協議会（WCC）第10回釜山総会」は開催されました。北東アジアこそ、戦争のために核兵器（原水爆）が使用された地球上唯一の場所です。冷戦時代に千回以上の核実験が行われたのも、北東アジアと隣接している太平洋とアジアでした。そして今日、この地域の全ての国家が、核を保有しているか、米国が備蓄する核兵器（原水爆）を頼りにしています。東アジアには100余の核発電所（原子力発電所）があり、さらに多くの核発電所（原子力発電所）立地計画があります。それは経済力を示すものであると同時に、「フクシマの悲劇」を思い出させるものでもあります。そして（この度総会が開催された）韓国は、世界で最も核発電所（原子力発電所）が密集している国です。

核発電所（原子力発電所）の傍で生き、そして、敵国の核兵器（原水爆）の射程範囲内に生きる。そうしたなかで、北東アジアの良心と勇気ある人々は、自分たちの社会が歩んでいる軍事的・経済的な道のりを見詰め、深刻な疑問の声をあげています。(1)

核兵器（原水爆）は、本当の平和と、決して一致しません。爆風・熱線・放射能といった言語を絶する苦しみを、核兵器（原水爆）はもたらします。時間や空間をやすやすと超えて広がる破壊を、核兵器（原水爆）はもたらすのです。核兵器（原水爆）の破壊力は見境がなく、その影響力は比類ないものです。核兵器（原水爆）は、それが存在する限り、人間への脅威を突きつけるものとなります。

市街地こそ、核兵器（原水爆）の主な標的となります。ヒロシマ級の小さな核爆弾百個で都市を攻撃すれば、二千万ほどの人びとが死に絶え、また時間を経てその二倍から三倍の負傷者を出すことになります。さらに、核兵器（原水爆）によって灰燼《かいじん》に帰した市街地から立昇る煤は、上層大気に広がり、地球規模で気候を乱してしまいます。そしてその後十年程度の間、気温は低くなり、植物が成長する夏の季節が短くなるので、二億人が飢餓のリスクに曝《さら》されることになります。[2]

こうしたデータに向き合う中で、２０１３年、１２４の政府が次のように宣言しました。「核兵器（原水爆）はどんな状況下にあったとしても、二度と使用されてはならない。このことは、まさに人間の生き残りをかけた禁止事項である。[3]」しかしながら、核兵器（原水爆）を使用する用意があると明確に誇示することが、核戦略というものの常でした。また核を巡っては事故や計算違いが相次ぎ、その歴史は、大惨事寸前に至る出来事の繰り返しだったのです。[4]その上さらに、世界中のどの国であっても、たった一つの核爆発によって、救急医療が壊滅状態に至ると言われています。[5]結局、核兵器（原水爆）が二度と使われないようにするには、核兵器（原水爆）そのものを撤去するほかに道はないのです。

また他方、核（原子力）エネルギー技術の開発は、独特の危険をはらんでいます。２０１１年の福島第一原子力発電所災害は、人々、共同生活、そして生態系にもたらす危機の何たるかを、再び示しました。数万に及ぶ人々が避難を余儀なくされ、二度と帰れなくなってしまったのです。この人々の農場、農村、そして市街地は「もぬけの殻」となり、汚染されてしまいました。公衆衛生と環境へのインパクトがどれほどのものとなったのかは、これからも永遠に判明しないことでしょう。実に、完全な除染は、不可能なのです。

福島第一原子力発電所事故の犠牲者は、「ヒバクシャ」と呼ばれるようになりました。「ヒバクシャ」という言葉は、苦しみ、社会的な烙印（スティグマ）、そして不条理な運命を含意しています。この言葉は、原子力爆弾が日本に投下された際、その犠牲者となった人々を指すものとして、最初用いられた言葉でした。

この原爆投下から数えて、２０１５年は70年目となります。１９４５年のヒバクシャは、こんな苦しい運命がこれ以上誰にも及ばないでほしいという希望を込めて、証言を続けています。そして今、そこに、２０１１年の被ばく者が上げる核（原子力）エネルギーへの非難の声が加わりました。この声に耳を傾け、その証言を自らのものとすること。それこそは、キリスト者と教会の道理というべきものです。

健康と人道と環境についての懸念

軍事的であれ、民生利用であれ、核（原子力）の技術は、自然界に存在しない有毒の元素を大量に産み出し、そして同時に、世界で最悪の環境汚染を引き起こすものです。その副産物の幾つかは、数百万年にわたり生き物の脅威となります。[6] 核廃棄物のはらむ危険性が存続するほどの長期にわたり、それらを自然環境から隔離できるような貯蔵方法も、廃棄方法も、今のところまだ見つかっていません。[7]

私たちは、核の力（原子力）によって経済力を補充しようとし、核兵器（原水爆）によって自衛しようとすることによって、地球を汚染しています。そうして私たちは、自分自身と、子孫と、そして他の生き物への危機を昂じさせているのです。

放射能は、見えず、臭わず、味のない毒です。その健康への影響は甚大で、幾世代にも及びます。核発電所（原子力発電所）はアイソトープと呼ばれる特別な元素を排出します。放射線物理学的・化学的に言って、それは人体にとって有毒なものなのです。それは、私たちが吸う空気と、飲む水と、食べる食べ物を汚染するかもしれません。

電離放射線がもたらす影響は、いち早く心理的・社会的なトラウマとして現れます。それは家族と共同体を破壊します。その後、様々な種類の癌のリスクが高まり、いつしか顕在化し、そしていつまでも続く遺伝的損傷が次第にはっきりとしてきます。

核産業（原子力産業）について「安全」という言葉を使うことはできない。このことは、もう証明されたことです。おおよそありえそうにないと判断されたような酷い事故が、繰り返し起こったのです。[8]このような事故による深刻な結果は、関与する政府及び企業によって日常的に無視され、あるいは（大したことではないとの口調で）片付けられてきました。

核（原子力）の事故や核（原水爆）実験が行われるたびに発生する放射線による被ばく、そして放射性物質による化学的毒素には、「許容可能」なレベルがある——そのように想定して設定される基準が誤解を招き、人々を危険に曝してしまいます。このことは、もう明らかとなりました。チェルノブイリでも、フクシマでも、そしてほかの事故の場合にも、事故後に「許容可能」な基準値を引き上げることによって出来事の深刻さを最小化して見せようとしてきたのですが、その目的は、ただ世間の批判をかわすことにのみ置かれていました。

こうした政策は、核(原水爆)実験場の周辺で、いつも使われてきました。実験のために他所からやって来た人々が、実験場の周辺に住む人に、いつも同じことを言いました――「放射性物質は降り注ぐけれども、一切の心配はいらない」と。核実験が行われるというのに、危険度の高い地域から退避するように、との注意さえも受けなかったことも、しばしばでした。軍は放射線の影響を調査するために医師を派遣し、犠牲者の診断はさせても、治療することは許さなかった――そんな事例がたくさん記録されています。実に今日に至るまで、核（原水爆）実験場の周辺では、人々の住む地域に残された核物質の悪影響が続いているのです(9)。

この数十年の間に、化学・生物学兵器などの大量破壊兵器や、レーザー兵器、地雷、そしてクラスター爆弾に対する「人道的なノルマ」とでもいうべきものが、新たに築き上げられてきました。シリアの化学兵器は廃棄されることとなりましたが、その決定に至る過程には、核保有国による主導的役割が見られたのです。私たちはこの事例を、今、参照するべきです。そして、この事例を、将来に向けた先例としなければなりません。

同じように世界最強の兵器[核兵器]を人道的な見地から廃棄することは、なかなか難しいでしょう。核兵器(原水爆)で武装している国々は、圧倒的多数の意見に対して、これ見よがしに逆らっているのです。それはまるで、「核兵器（原水爆）の重要性はいまも変わらない」と強弁しているかのようです。それらの国々は、自らが備蓄している核兵器（原水爆）が、今後数十年以上続けて使用可能なものとなるよう、再整備をしています。そしてまた、核不拡散条約の束縛を最小化して、核兵器（原水爆）廃絶に向けた効果的な方策を無効化しようとしているのです。しかしながら、核廃絶を支持する新しい動きが、核（原子力）を巡る議論の様子に、変化をもたらしています。政府、国際機関、市民団体、宗教者のネットワークが、健康と人道と環境に対してもたらす影響に基づいて、核兵器（原水爆）の非合法性を訴え始めました。こうして、核兵器（原水爆）に認められてきた正当性と特権が、次第に切り崩されているのです。

核（原子力）についての教会的判断

ＷＣＣは、「正義［justice］」「参与［participation］」「持続可能性［sustainability］」といったことを考えて、核（原子力）についての取り組みを進めてきました。その取り組みの中でＷＣＣは、倫理的省察とアドボカシー（公的に声を上げること）の重要性を強調してきました。１９４８年に行われたＷＣＣ第１回総会は、「原子力爆弾」および他の近代兵器による戦争について、それは「神に対する罪であり、人類の品位を落とすものである」と表明しました。その時以来ずっと、教会はその政策の中で、核の脅威に言及してきました。

１９７５年の第５回総会においてＷＣＣは、核発電（原子力発電）と核兵器（原水爆）が、核廃棄物による有害物質と核（原子力）テクノロジーの拡散をもたらすという点において、「倫理的ジレンマ」に陥るとの警告を発しました[10]。１９７９年に開かれた「信仰・科学そして未来についての世界会議」では、長期的な視野に立った時、原子力は、二酸化炭素排出量の削減において意義ある役割を担うことはできないと警告し、核発電所（原子力発電所）の建築を一時停止するよう求め、再生可能エネルギーへ大きく軸足を移すよう訴えました[11]。

1983年の第6回総会において、WCCは、「核兵器（原水爆）については、その使用と同様、その保有もまた、人道に対する罪と看做し、これを違法とする国際法の枠組みを作るように」と呼びかけました。そしてその三年後、チェルノブイリの災害が起ったその時、諸教会が抱いた懸念は、現下の福島第一原発による危機にも当てはまります。今、諸教会が抱く懸念は、以下の三点に整理して示すことができます。

●核関連労働者（原発労働者）の身の安全について。
●確かな根拠を持つリスクについて、いつも当局が沈黙してしまうということについて。
●自らの損害を巡る、市民の「知る権利」が否定されることについて。

1989年、WCCは「核（原子力）エネルギーについての審議会」を開催しました。この審議会は、以下のように確認したのです。「人間の活動は、しばしば被造世界を侵犯している。今日、まさに生き残りに関わる事柄が危うくされている。」またこの審議会は、エネルギー技術に関する倫理三原則を、以下のように纏めて提示しました。

（a）将来世代のために「被造世界の持続可能性」を促進しなければならない。
（b）「正義とは、人間が命をつなぎ、その人生を全うできるようにすること」と定義する。
（c）人々は、自分たちの生活に直接影響するようなエネルギーについて、その選択の過程に参加できるようにしなければならない[12]。

これらは現下の核(原子力)エネルギーを評価する上でも有効なものとなっています。

2009年、WCCは「環境における正義と環境への負荷」という声明を出しました。その中で、核(原子力)エネルギーについて、その軍事利用と民生利用の両方に、以下の点についての懸念があると指摘しています。

● 「環境への負荷」について:核兵器(原水爆)の製造・実験・配備によって影響を受ける人々への負荷と、核戦争が引き起こす「核の冬」が引き起こす飢餓に巻き込まれる人々への負荷があること。

● 「限りない消費の時代」について:その一部が核エネルギーに支えられているという現実があること。

● 「経済的・環境学的成果」について:〝原子力は安全で安価で再生可能だ〟との主張を否定する研究結果があること。

2011年、WCCは、ジャマイカで「国際エキュメニカル平和会議」を行い、「核兵器(原水爆)の完全廃絶」への呼びかけを再び強く掲げました。また、2011年の福島第一原子力発電所による災害を受けて、「原子力は、もはやエネルギー源としてあてにしてはいけないものであることが、再びはっきりと証明された」と宣言しました。

2013年、WCCは総会を韓国で行い、次のように述べました。「韓半島においては、敵対と競合と軍備に彩られた安全保障よりも、互いに人間の命を守ること[shared human security]にこそ、高い優先順位を置くようにならなければならない。」そして総会は、北東アジアにおける核発電所（原子力発電）と核兵器（原水爆）を廃絶することを求めました。[13]

以上のとおり、核（原子力）の危険に立ち向かって公的に声を上げるエキュメニカルな運動が形成されてきました。それは、WCC加盟の教会が世界的にくり広げる取組にとして展開しています。世界の教会は、核（原子力）発電所の建設に反抗し、核兵器（原水爆）の存在に反対し、ウラン鉱山・核（原水爆）実験・核事故（原発事故）の犠牲となった人々を支援しています。それは、カナダでもインドでも、日本でもオーストラリアでも、ドイツでもマーシャル諸島でも、展開している運動なのです。こうした地域には、多くの苦闘があります。その苦闘の中で、他の信仰に生きる人々との連帯もまた、生まれています。

同時にまた、WCCは、世界の教会の多様な現実を確認しています。つまり、核（原子力）エネルギーの困難な問題と向き合うにあたり、それぞれの教会が、それぞれの過程を歩んでいるということを認識しているのです。それぞれの背景に応じて生まれる異なった歩みがあります。そうしたそれぞれの歩みの中で、諸教会は核（原子力）エネルギーの問題に取り組んでいるのです。

「アフリカ非核地域」構想というものがあります。これは、三つのアフリカの国々に住む教会指導者たちの働きがきっかけとなり、2009年に成立した構想です。この構想は、2006年のWCC第9回ポルトアレグレ総会が提示した「核兵器廃絶についての覚書」を実現するものとなりました。そのように、WCCが立上げた超教派的ネットワークは、声を上げる仲間の広がりを確保して行きました。そしてその広がりが、国連が2013

年に武器貿易条約を策定する際、そこに「人道と人権」という評価基準を付帯させる一助となりました。それは上述した2011年のWCC中央委員会の決議事項に準拠した運動の成果です。そのようにして今も、世界の六大陸にある諸教会は一致して、釜山でのWCC総会が表明した勧告を意識しつつ、核兵器(原水爆)の廃絶を人道的に行うことを目指し、共に声を上げ続けているのです。

被造世界に奉仕することと、リスクを管理すること

キリスト者は、神の被造世界を保護し、命の神聖さを守るようにと、呼びかけられています。今日、責任感のある、包含的な(すべての人に益が及ぶ)エネルギー管理を行うためには、これまで以上に公益と、被造世界の完全性と、人類の未来への配慮が求められているのです。エネルギーの源は、安全で効率がよく再生可能でなければならない。エネルギーの節約を考えずにエネルギーの使用を考えることは、もはや絶対にできない。今エネルギーを使うことが、未来の深刻な問題を産む、ということは、もう絶対にあってはならない。つまり、今日のエネルギーは、明日のエネルギーとしても適したものでなければなりません。——そうした要求が、今、私たちに突き付けられているのです。

数十年来の綿密な精査が行われて来たにもかかわらず、核(原子力)エネルギーが上に示された要求を満たしたことがありませんでした。核(原子力)エネルギーは再生可能でもないし、持続可能な資源によるものでもない。ウラン鉱が採掘され、生成し輸送され、原発が建設され運転され廃炉となって行き、そして廃棄物管理がいつまでも行われる――この一連のサイクルのすべての過程で、二酸化炭素が排出されます。「核（原子力）エネルギーはクリーンで環境に優しい」といわれています。しかしそれは、核（原子力）エネルギーの全体的な影響や結果、そしてそれへの代案のすべてを無視した主張のように見えます。

実際、核（原子力）エネルギーのコストは、負担しきれるものでない、ということが、はっきりしてきました。政府の補助金、市民への負担の移転、そして核廃棄物の長期処理に要される計算不可能なコストをこの計算に入れると、この結論はなおさら明確です。それでもまだ、その負担のすべてを包括的に計算するためには、足りていません。さらに直接・間接の補助金のすべてと、災害が起こった時の負担のすべてと、そして核廃棄物処理における安全確保のための費用のすべてを、計算に含まなければならないのです。これらのコストの一部は隠されています。またその一部は半永久的に続きます。つまり、核発電所（原子力発電所）は、他のエネルギー源と比べて、はるかに大きな資本の投資を要するものなのです[14]。こうして、政府から原子力のために拠出されている補助金は、再生可能エネルギーの技術革新のために投下される資源を、はるかに上回ってしまうことになるのです[15]。

核（原子力）エネルギーの維持のために、巨額の公的資金が費やされています。同様のことは、核兵器（原水爆）のプログラムにもはっきりと確認される特徴です。核保有国は毎年約1、000億ドルを、核兵器（原水爆）のために拠出しています。欧州・大西洋地域だけを見ても、総額で5、000億ドル、あるいはそれ以上の支出が、現在予定されている武器の改良・更新・拡充のために用いられようとしています。こうした億ドル（日本なら兆円）単位の公費が、核（原子力）エネルギー産業とも関わりを持つ私企業の巨額の収入源となっているのです。30か国・

約300の銀行と証券会社そして年金基金が、核兵器関連企業27社に投資をし、3、140億ドルの債権を所有している――これが、2013年の状況となっています[16]。

核（原子力）エネルギーを使用すると、困難なリスクが多数付きまといます。核災害（原子力災害）は比較的低い確率でしか起こらないのですが、いったん事故が起こると、甚大な結果に至り、あるいはその結果は想定を超えるものとなります。したがって、そのリスクは高い、といわざるを得ません。

多くの政府は、こうしたリスクを避ける責任を自覚して、きちんとした政治的な決定を行っています。福島第一原発の災害を受けて、日本、スイス、スペイン、メキシコ、台湾では、核発電所（原子力発電所）の運転を停止し、建設を中止し、あるいは将来的に廃止することを約束しました。他の国々でも、核（原子力）以外のエネルギー源に頼るべきだという意志が強くなり、核兵器（原水爆）を拒否しようという意見が強くなりました。

核発電（原子力発電所）に補助金を出している政府は、上で述べたような大きなリスクを受け入れ、さらに、自国民にそれらのリスクを押し付けています。民間資本がリスクを恐れて寄り付かないので、核産業（原子力産業）に、公的資金が投入されているのです。その規模は数十億ドルとなっています。そうした補助金を拠出する政府はさらに、核事故（原子力事故）や核災害（原子力災害）に対する企業の補償責務を免除することにしています。たとえば福島第一原子力発電所事故の場合、その経済的損害は、最終的に2、500億ドルから5、000億ドルになると見積もられているのです[17]。

政府が核兵器（原水爆）を配備することは、人類史上最大のリスクをわざと抱えてみせることを意味しています。それはいくつもの矛盾を呼び寄せます。第一に、核武装する政府は、その核兵器（原水爆）を使用する用意があるということを、周囲が信じて疑わないようにし続けなければなりません。第二に、核武装する政府は、敵国からの攻撃を避けるためには、敵国のリスク管理に頼ることになります。第三に、核武装する政府は常に、自国が攻撃された場合には、リスク管理を自ら断念する覚悟をもっていなければならなくなるのです。これらの矛盾は、単に核武装する国が抱えるだけではありません。それは同時に、その国の敵国も巻き込んで、皆が抱える矛盾となります。それは地球の運命をかけた異様なギャンブルです。このギャンブルに、私たちは、一生涯ずっと、さらされてきたのです。こんなギャンブルを続けることは、私たちの創造主を愚弄することに他なりません。

いくつもの条約と国際的合意が作られました。それにも関わらず、核兵器（原水爆）が蔓延しています。そこに、今も絶え間ないリスクがあります。核弾頭の数は冷戦時代よりは減りました。しかし、核保有国は総じて、保有する核兵器（原水爆）を廃棄しようとしません。むしろ、それを近代化しようとしています。そして、使用可能な核兵器（原水爆）を保有する国の数は増えています。事実、とりわけ小国にとっては、核兵器（原水爆）開発の計画を持つことだけで、それが強力な外交カードになるということが、はっきりとしてしまったのです。

原子力と核兵器（原水爆）の連結可能性と安全保障

原子力は、核兵器（原水爆）製造のための抜け道となっています。というのも、原子力の開発によって、核兵器（原水爆）製造のための施設・原料・技術が獲得されるからです。「平和のための原子力」「核エネルギーの平和利用」などと喧伝されながら広まった原子力（核の力）は、核兵器（原水爆）の拡散を助長したのです。核の力（原子力）

の民生使用という美名のもとに、軍事的意図が隠蔽される可能性があるのです。原子力開発を行うすべての国の政府が、核兵器（原水爆）用のプルトニウムを生産する、この誘惑に曝されるのです。そして実際に、さまざまなレベルの核技術を持つ国々で、核弾頭に装備できるプルトニウムが、原子炉から生み出されるようになりました。

民間施設であれ、軍事施設であれ、核施設（原子力施設）は、テロや戦争の標的となるかもしれません。放射性物質は盗まれたり売られたりする可能性もあります。そして、放射性物質を核兵器ではない爆弾技術と掛け合わせることで、「汚れた爆弾」と呼ばれる、ある種の核兵器を作り出すこともできるのです。

現在400を超える核発電所（原子力発電所）が世界中で稼働しています。15の国々で、その四分の一以上の電気が核発電所（原子力発電所）に依存しています。したがって、核の力（原子力）を別のエネルギーに転換するのには、時間がかかるでしょう。しかしながら、代替案はもう存在しています。核発電所（原子力発電所）よりも安価・安全で、より持続可能な発電方法は、あるのです。第一に考えるべきことは節約です。現在生み出されている全エネルギーの四分の一は、節約可能だと言われています。原子力が生み出しているエネルギーの総量をはるかに超える量を、私たちは節約できるかもしれないのです。つまり、エネルギーの節約こそが、もっとも身近で、もっとも安価で、もっとも安全な、原子力に換わる代替案なのです。

原子炉を徐々に廃炉にし、核兵器を撲滅する、と考えてみましょう。その先に、新しい可能性が見えてきます。例えば、再生可能エネルギーが拡大するでしょう。核（原子力）関連産業の職が消える地域社会に、新しい支援が行われることでしょう。環境に対して責任を負った新らたなビジネスが促進されるでしょう。危険な核物質はもう生み出されなくなるでしょう。核の脅威は国際関係の舞台から撤去されるでしょう。そうしたことが、新しい可能性として見えてくるのです。そしてその先には、さらなる可能性が拓けます。それは、国と国際社会の間に得られる利益とは何かを考え直す可能性です。21世紀型の優れた統治のためにも、人類の繁栄のためにも、今私たちが獲得しようとしてやまない「利益」とはいったい何であるか、と、改めて捉えなおさなければなりません。それはちょうど、気候変動の危機に応じて、国と国際社会の中での「利益」の捉え方が細かく再編成されてきたことと、まったく同じ話なのです。

正義と平和の巡礼としての、核からの脱出

神は惜しみなく与える創造者です。神は、原子・分子のレベルから生命を呼び出して世界に豊かないのちを授ける方です。したがって、原子を分解して、死を呼ぶような、自然界に存在しない元素を産み出すことそれ自体について、深刻な倫理的・神学的省察が求められるのです。命を脅かし破壊するような原子力の使い方、それは神の被造物の誤用であり、罪深いことです。

私たちに求められる生き方とは、いのちを守ることです。生命をリスクにさらすことではありません。恐怖しながら核兵器（原水爆）で身を守って生きることも、核（原子力）エネルギーに頼って無駄遣いの中に生活することも、いのちを守ることではありません。私たちは、今、呼びかけられています―神の多様な賜物と生命の約束と調和を見なさい、その内に共同体を形成なさい、そしてそこで経済を成り立たせなさい、と。

1990年代に、北部カナダに住むサートゥ・デネの人々は、数名の長老たちを代表として日本に送り、謝罪を行いました。自分たちの大地から採掘されたウランが1945年に広島と長崎を破壊した原爆に用いられたことを知ったからです。私たちも、信仰の証しとして、次のような行動をとります。

a 軍備とエネルギーについて評価（判断）するときには、それらが人と神の被造物にどんな影響をもたらすかを、その基準とする。

b 物質的な快適さや利便性を求める私たちの欲望のために、私たちは、自分が使っているエネルギーの源と分量がどうなっているのかを考えなくなってしまった。このことを、告白する。

c 核兵器（原水爆）を保持することへの一切の支持を棄てる。「自己の安全を保障するために、他所の人々への大量虐殺が許される」といった理屈を、はっきり拒否する。

「ヒバクシャ」と「ピポクジャ（韓国朝鮮人の原爆被害者）」が、そして、核実験場の犠牲者が、核時代からの脱出（出エジプト）を求めて叫んでいます。この声を聴きましょう。遺伝子の異変によって身体の形を変えられた人々がいます。核実験によって大地と海を毒された人々がいます。核事故（原発事故）によって農場や市街を汚された人々がいます。職場で被ばくを受けるウラン鉱山や原発の労働者がいます。私たちは、核によって傷つけられたすべての人々の苦しみに、耳を傾けなければなりません。

悪から私たちを解放する神は、核という悪からも、私たちを解き放ち給うでしょう。全世界が破滅に瀕したその時、神はすべての被造物を含みこむ契約を開いてくださいました（創世記9章）。神の霊はすべての被造物を支えてくださいます（詩編104編）。人々を搾取することと、被造物を破壊することとは、切り離しがたく一つです（イザヤ書23章）。――こうした神の言葉は私たちを導き、被造物の中に現れる神の臨在と神の目的に気づかせてくださいます。この神の言葉は、被造物のすばらしさを汚すことへの警告として響くのです。そうして私たちは、全ての被造物が驚異・祝祭・賛美に値するものであることを、改めて思い起こすことができるのです。

神は命と死を私たちの前に置かれます。祝福と呪いを、私たちの前に置かれます。私たちと私たちの子孫が生きられるように、神は呼びかけて言われるのです――「さあ今、命を選べ」と（申命記30章）。WCC釜山総会は、この神の「今」が切迫していることを思い出させられました。「今」は終末論的な時、「メタノイア（回心）」の時、恵みが溢れる時です。教会として、私たちは自分たちを教育し、命を選ぶように変わらなければなりません。核弾頭の眩い閃光や、原子炉の死の光を捨てて、自然世界の健全なエネルギー源――太陽、風、水、そして地熱――を選択しなければなりません。私たちは、それらのエネルギー源の中に生きているのですから。これこそ、核をはじめとする危険から脱出する道・出エジプトの道なのです。

「核（原子力）エネルギーによって、私たちは、有り余るほどの甘美な享楽を手にした。今や私たちは、原子炉を止めることと、放射性廃棄物を処理することとの、苦渋に満ちた歩みを始めなければならない。」これは、WCC釜山総会に先立ち、韓国のキリスト者が信仰の声明として公表した言葉です。「核軍備に支えられた既存の体制を守ることではなく、全ての人間と被造物を思って命を守ることの必要性を、私たちは、執拗に声明する次第である。」と、この声明は続きます。(18)

神は私たちのために命・正義・平和への道を用意されました。それは、自己の破壊と、暴力と、戦争から遠ざかる道です[19]。このことを深く胸に刻み、WCC第10回釜山総会は、世界中の教会に対し、正義と平和を目指すエキュメニカルな巡礼の道に参画し、それを強めて行こうと、呼びかけました。

WCC中央委員会は、スイス・ジュネーブにて、2014年7月2〜8日に会議を開き、上記のとおり、確認しました。このことを踏まえて、WCC中央委員会は、加盟教会および関係する教役者および諸ネットワークに、次のようによびかけます。

1　核（原子力）エネルギーの民生および軍事利用について、倫理的・神学的な議論を継続し、深めてください。そうして、核（原子力）エネルギーが何を目的としているのかを識別し、その本当のコストを見積り、誰の利益にかなっているのかを見極め、どの人権を侵害するかを判断し、健康と環境に与える影響を把握しましょう。そして、核電力（原子力発電）を使用すること、あるいは核兵器で身を守ることの中に、何らかの証しが内在するかを考えてみましょう。

2　環境意識に富んだ霊性を育て、実践してください。こうして個人と共同体それぞれのライフスタイルに変化をもたらしてください。エネルギー消費・効率・保全について、そして再生可能な源を持つエネルギーの使用について、明確な変化をもたらしてください。WCCには環境意識の高い教会がある。その教会が積み上げた経験の上に、新たな世界を築いてください。

3　核兵器（原水爆）や核発電所（原子力発電）関連の製造や輸出にしがらみを持っている会社や金融機関

に対して、投資の引き上げを実行し、投資を止めるよう働きかけてください。核兵器（原水爆）や核発電所（原子力発電）から、再生可能エネルギーの発展へと政府の投資を変更するよう、公的な声を上げてください。さらに、核（原子力）関連の産業が終焉を迎える地域が支援されるように、政府予算が再配分されるよう、公的な声を上げてください。

4　日本の福島第一原子力発電所災害の下に生きる人々や、太平洋の核（原水爆）実験の犠牲者等、核事故（原発事故）と核（原水爆）実験の犠牲者を、支援してください。牧会的な思いを込めて彼らと寄り添い伴走してください。法的措置と損失補償がなされるよう支援してください。同様に、核で武装している国々を国際司法裁判所に訴えたマーシャル諸島の法廷闘争を支援してください。

5　国際人道法に準じて、そして現行の国際的義務が履行されるかたちで、核兵器（原水爆）の製造・配備・移動そして使用が禁止されることを目的に、政府間で進められている取り組みがある。その取り組みに参加するよう、各々の政府に対して呼びかけてください。また、これらのことを求める市民社会の努力を、支持してください。

6　市民社会や諸教会そして他の宗教団体とも連携しているエキュメニカルなネットワークと共に、公的に声を上げてください。一般の人々が参加する、開かれた連帯組織、たとえば「核兵器廃絶のための国際キャンペーン（ICAN）」等に、参加してください。

7　息長く続いてきた、韓半島の非核化というエキュメニカルな目標があります。軍事行動のモラトリアム（凍結）と、核抑止力に換わる地域の集団的安全保障体制の構築という具体的な目標がそこに含まれています。こうした目標をはっきりと見据えて進められる具体的な歩みを、支援してください。

8　アジアに展開する、あるいはアジアを標的とする軍事基地・核軍備・ミサイル防衛網の拡大に、反対してください。例えば、韓国・済州島のカンジョン村に、新しい海軍基地が作り出されようとしています。このような軍拡に対する市民の抵抗について、意識を高めてください。

WCC中央委員会は、加盟教会および関係する組織、そしてネットワークに対し、WCCと共に、各国内外で声を上げ、一致して行動することを求めて、次のように呼びかけます。

1　核兵器を保有せず、核廃絶を求めながら、しかし、米国の核軍備に頼っている31の国があります。この国々に向けて、以下の行動をとるように強く求めてください。

●国際人道法に従い、核兵器の廃絶を積極的に支持すること。
●自国の領域内から、すべての核兵器（原水爆）を撤去すること。
●核（原子力）に頼らない集団的安全保障体制を求めて話し合うこと。

2　核兵器（原水爆）の存在も脅威も一切を拒否する「非核地帯」が、とりわけ北東アジアと中東に、新たに作り出されるよう、働きかけてください。また、すでに「非核地帯」が確保されている東南アジア・太平洋・

ラテンアメリカ・アフリカで、その実質が充実するよう、働きかけてください。

3　各国政府に向けて、核発電所（原子力発電所）を段階的に撤去することを、強く求めてください。そのためにも、エネルギー効率を上げて節約を進めるためにエネルギー利用を全般的に改革すること、炭素の放出や有毒廃棄物を削減すること、再生可能なエネルギー資源を開発することを、強く求めてください。

4　正義と平和を目指すエキュメニカルな巡礼に貢献するものとして、一貫した、専門横断的な行動を、組み立ててください。

注

（1）WCCの会員教会と関係するエキュメニカルな諸会議、そして諸宗教者による会議は、WCC釜山総会に向けて、そしてその後に、以下の核問題に関わる声明を発表した。

•*Declaration of the International Conference on the East Japan Disaster, "Resisting the Myth of Safe Nuclear Energy: The Fundamental Question from Fukushima"*, United Church of Christ in Japan, Sendai, March 2014.

•*A Call for Peace and Reconciliation on the Korean Peninsula: Ecumenical Korea Peace Statement*, United Methodist Church et al, Atlanta, May 2013

•*A Joint Statement on Peace in the Korean Peninsula,* Presbyterian Church in Korea-Presbyterian Church USA, Louisville, April 2013

•*Sang-Saeng: Living Together in Justice and Peace,* Pre-Assembly Nuclear Advocacy Consultation Working Paper, WCC-ecumenical-interfaith, Seoul, December 2012

•*No to Nuclear Power! Faith Declaration from Fukushima,* National Council of Churches in Japan, Fukushima, December 2012

•*Christians for a Nuclear-free Earth,* ecumenical statement, Tokyo, May 2012

•*Faith Declaration for a World Free of Nuclear Weapons and Nuclear Energy,* Korean Network for a World Free of Nuclear Power and Weapons, Seoul, March 2012

•*For a World without Nuclear Power Plants,* Anglican Church in Japan, Kyoto, May 2012

•Asia Inter-Religious Conferences on Article Nine of the Japanese Constitution, three conference statements: Okinawa, 2012; Seoul, 2010; Tokyo, 2008

•*For a World of Peace, a World Free of Nuclear Weapons,* ecumenical Korean-international statement, 2010

（2） *Self-assured destruction: The climate impacts of nuclear war,* Alan Robock and Owen Brian, Bulletin of the Atomic Scientists, 2012, http://climate.envsci.rutgers.edu/pdf/RobockToonSAD.pdf

（3） *Joint Statement on the Humanitarian Consequences of Nuclear Weapons,* 68th Session, UN General Assembly, 2013, http://www.reachingcriticalwill.org/images/documents/Disarmament-fora/1com/1com13/ statements/21Oct_Joint.pdf

(4) *Command and Control*, by Eric Schlosser, Allen Lane, 2013

(5) *Nuclear Famine: Two Billion People at Risk*, International Physicians for the Prevention of Nuclear War, 2013, http://www.ippnw.org/pdf/nuclear-famine-two-billion-at-risk-2013.pdf

(6) See background paper, *Timeframe of Care*, Mary Lou Harley, former board member, Canadian Nuclear Waste Management Organization

(7) *Final Study: Choosing a Way Forward*, Canadian Nuclear Waste Management Organization, 2005, http://www.nwmo.ca/studyreport

(8) International Nuclear and Radiological Event Scale. International Atomic Energy Agency, http://www-ns.iaea.org/tech-areas/emergency/ines.asp

(9) *Report of the Special Rapporteur* (Calin Georgescu), Human Rights Council, Geneva, 3 September 2012.

(10) *Breaking Barriers*, Official Report of the Fifth Assembly, WCC, 1975, p. 128.

(11) *Faith and Science in an Unjust World, Vol. II*, WCC, 1979, p. 90.

(12) *Church and Society Working Group Report*, World Council of Churches Consultation on Nuclear Energy, Kinshasa, Zaire, 1989.

(13) *Statement on Peace and Reunification of the Korean Peninsula*, 10th Assembly, World Council of Churches, 2013, http://www.oikoumene.org/en/resources/documents/assembly/2013-busan/adopted-documents-statements/

peace-and-reunification-of-the-korean-peninsula

（14）たとえば、米国において、同じ一ドルをエネルギー効率に投資すれば、原子力の5倍の電気を作り出すことができる。また、風力発電への投資は、１００倍の電力を作り出せる。ことについては、以下のサイトを参照。
Investments in wind energy can produce 100-times more electricity. Fukushima and the Future of Nuclear Power, Green Cross International, 2011, http://www.gcint.org/sites/default/files/article/files/GCI_Perspective_Nuclear_Power_20110411.pdf.

（15）Ibid; 2009年、米国では、核（原子力）への補助金は55億ドルであったのに、太陽光と風力への補助金は5・5億ドルであり、その比率は10対1であった。

（16）www.dontbankonthebomb.org

（17）*Costs and Consequences of Fukushima*, Physicians for Social Responsibility, http://www.psr.org/environment-and-health/environmental-health-policy-institute/responses/costs-and-consequences-of-fukushima.html

（18）*Faith Declaration for a World Free of Nuclear Weapons and Nuclear Energy*, Seoul, Republic of Korea, March 2012.

＊邦訳の改善に寄与する方は、訳者の naoya2naoya@yahoo.co.jp へ

【資料②　日本基督教団声明文】

東日本大震災国際会議宣言文

2011年3月11日、「Fukushima」の名は世界に知られることとなりました。マグニチュード9の大地震とそれに起因する大津波によって全電源を喪失した東京電力福島第一原子力発電所において3基の原子炉がメルトダウンを起こし、大量の放射性物質が大気中に放出され、超高濃度汚染水が投棄されたことにより、大地、川や湖、地下水、海が汚染されたのです。放射性物質の放出と汚染水の漏洩《ろうえい》は現在もなお続いており、30万人を超える多くの人々が苦しんでいるこの事故はいまだ終息していません。わたしたちはこの出来事を覚え、キリスト者として神からの光に照らされ、その慈しみと世界を変えてくださる愛に応えるために、ここ仙台に集りました。神はわたしたちに悔い改めて命に向かうように呼びかけておられます。世界の各国から集まったわたしたちは、以下の日本のキリスト者たちの罪の告白に耳を傾けました。わたしたちも経済の領域において、また、環境の領域において、罪深い体制の中に組み込まれ、良いものとして神に創造された世界と、共に生きるべき世界の人々の現在と将来の命を脅かしている共犯者であることを省み、この告白に心を合わせます。

1　罪の告白

わたしたちはこの事故の根源に、現代を生きるわたしたちすべてが、意識的に、無意識的に、個人的に、また集団的に、神に対して犯している罪があることを神と人々の前に告白します。これらの罪を告白し悔い改めることこそ、今、神がわたしたちに求めておられることであると信じます。そして、そこにこそ、神の憐れみによって新たに歩み出す道もまた開かれることを信じます。

わたしたちの罪は、旧約聖書創世記第3章に語られている人間の根源的な罪から生じています。人間は神によって「神の似姿」（Imago Dei）として、即ち、神と向き合い、神との応答関係に生きる者として創造されました。神はそのために人間に自由意志を与え、神との応答関係に生きるための賜物として知性、感性、理性、悟性を与えてくださったのです。しかし、人間はそれらの賜物を自分のため、自分の利益、豊かさを求めるために用いて、神との応答関係に生きることをやめてしまいました。創世記第3章に語られている人間の根源的な罪の本質はそこにあります。このたびの原発事故もまた、この根源的な罪の現れとしての以下の七つの具体的な罪に陥った結果であると言わなければなりません。

第一の罪　傲慢

第一の罪は、人類が自然界の安定した原子を破壊することによって恐るべきエネルギーに変え、自らの知恵と技術によって安全に管理、制御することができるという自己過信に陥ったことです。ここに傲慢の罪があります。原子力エネルギーは今日の人間にとってまさに「禁断の木の実」でした。

第二の罪　貪欲

第二の罪は、原子力を用いることによる繁栄、豊かさへの欲望と、より大きな力への渇望を制御できなかった「貪欲」です。この貪欲は、原子力発電を今なお維持しようとする力としても存在しています。

第三の罪　偶像崇拝

貪欲に陥ったわたしたちは、生ける真の神に依り頼むのでなく、経済的利益や富を至上の価値としてあがめ、それに仕える「偶像崇拝」の罪に陥りました。「貪欲は偶像礼拝にほかならない」（コロサイの信徒への手紙第3章5節）のです。原子力発電所や核燃料サイクル基地は、まさにこの偶像崇拝の神殿というべきものであり、これらの施設は科学技術への、根拠のない安易な信頼という非科学的思考に基づく「安全神話」によって維持されてきました。

第四の罪　隠ぺい（創世記第3章7節）

国、電力会社、地方自治体の「隠蔽体質」、これにマスコミも協力する中で、これまで原子力発電の危険性は極力隠され、事故やトラブルの情報も隠されてきました。また、核の平和利用の名のもとに核兵器との繋がりも隠ぺいされ、安全性やメリットのみが喧伝《けんでん》されてきました。このたびの事故についての情報も隠され、地域住民はもとより、国民全体が不安や疑心暗鬼《ぎしんあんき》の中に置かれています。情報を操作し、事実を隠ぺいすることによって事を進めようとする、いわゆる「原子力ムラ」の体質がこの事故を引き起こしたと言えます。この「隠蔽」が第四の罪です。

第五の罪　怠惰

しかし、そこには同時に、「不都合な事実」を知ろうとしなかったわたしたち自身の罪があります。園の木の間に身を隠しているアダムとエバに、主は「どこにいるのか」と語りかけました（創世記第3章9節）。今、わたしたちも、この主の問いの前に立たされています。国と電力会社が原子力発電を押し進めてきたこれまでの歩みにおいて、わたしたちは彼らの語ることを無批判に信じ、あるいは、その危険性について知りつつも、実際に起っていることを深く知ろうとしませんでした。その企てが過疎の地域の人々や、繁栄や権力から遠い人々の痛みと犠牲のシステムの上に成り立つものであることを見抜くことなく、それを認め受け入れ、無関心になり、過去の歴史に学ぶこともしなかったことは「怠惰」の罪の故です。

第六の罪　無責任

原子力発電は、放射性廃棄物の処分方法を確立できないままに進められてきました。さらに、事故原因の究明や膨大な放射能汚染廃棄物や汚染水の処理の問題を含め福島第一原発の事故は未だ終息していないのに、日本国政府は原発を再稼働し、さらに外国にそれを輸出しようとしています。これは将来の世代と他国の国民に対してあまりにも無責任であると言わざるを得ません。

第七の罪　責任転嫁

このたびの事故は、明らかに「人災」です。これほどの被害にもかかわらず、国も電力会社も地方自治体も、そして、わたしたちも、自らの責任を認めようとせず、他者に責任を転嫁しています。そのために神から与えられた人格性と愛を深く損なう結果に陥っています。

わたしたちはこの原発事故の現実を前にして、このような罪にもかかわらず、ご自身の造られた世界と、人を滅ぼすことをせず、「皮の衣をもって包んでくださる」（創世記3章21節）神のみ前に罪を告白すると共に、神の憐れみを受けた者として、心を一つにして祈ります。

2　祈り

この事故によって住み慣れた地から避難しなければならず、今なお故郷に帰る目処も立たないでいる多くの人々の苦しみに、またこの事故の直接的、間接的な影響によって生計の道を断たれた人々に、神による支えと慰めが格別に与えられますように。

被爆の危険の中でこの事故の終息のために日々努力している人々に神の守りがありますように。そのために世界中の知恵が集められ、終息への道が開かれますように。

この事故に直接、間接に責任を負うべき全ての人々が、神の独り子、主イエス・キリストの十字架の死による罪の赦しにあずかり、悔い改めて復活の主と共に新たに歩み出すことができますように。

3　決意と呼びかけ

わたしたちは命の神を信じます。

主イエス・キリストが来られたのは、全ての被造物が豊かな命を持つためです。神は、傷ついた者の癒しと人間と被造物の正しい関係の回復において、わたしたち一人一人が共に働くように招いておられることを信じます。

東日本大震災の暗闇の只中にあって、神の永遠の愛の光を映し出した多くの奉仕者に感謝します。この神の愛に励まされて、被災者支援センターに集ったノン・クリスティアンを含めた5千人を超えるボランティア、学生たちや信徒たち、そして牧師たちに恵まれました。彼らは過去3年間、被災地で瓦礫や泥の片付け、住宅の修理、傷心の人たちを慰め、生存者たちの話を聞き、命が大切にされる明るい未来を共に夢み、そして、産業と行政が今日に至っても信じ続けている核の安全神話に抗するという奉仕を続けています。

わたしたちは、この会議において、力強い証し人となったこれらの愛と正義に満ちた働きがあったことを確認し、神の慰めと支えが人々の心に寄り添う働きにこれからも力を与えてくださるよう祈ります。

わたしたちは、聖霊の導きのもとに以下のことに努めます：

（1）フクシマの人たち、また、フクシマの名によって象徴される直接的な放射能被害を受け続けているすべての人々のことを覚え、彼らの体験を分かち合い、彼らの権利が守られるように努めます。地震・津波・放射能汚染の三重の被害をうけ、犠牲となった人たちの声とその心に深く耳を傾け、また、復興に向かって歩む彼らを支援し、その道に寄り添っている人たちの声に耳を傾けます。

（2）放射能汚染にさらされ、その被害を受けた人々の回復と生活の再建のために、彼らが放射能被爆測定器を手じかに利用できるよう援助し、自分自身の健康を自分の手で守れるように支援します。また、正確な健康情報を得て生活再建のための諸サーヴィスを受け、正当な補償を受ける権利があることを支持し、支援します。

（3）経済的利益や政治的・国家的な利益よりも、命とその価値とを守ることを大切にします。

（4）神に造られたすべての被造物に対して責任ある管理につとめ、将来の世代の人々への責任を果たします。

（5）原子力発電所と核燃料サイクル施設、また、原子力産業に携わる企業・政府・研究機関に対し、すでに蓄積されている核廃棄物について、どのように隔離し、環境を守るかについての、将来にわたる十分な見通しのある処理方法を示すように強く促します。今後のエネルギー源として、また兵器として、核エネルギーを用いる技術の開発・発展を阻止し、核燃料のための採掘施設によって荒廃した土地を回復するよう促します。

（6）核のない世界（ニュークリア・フリー・ワールド）を実現するために、真実を語り、具体的な行動をとることができるよう、正確な情報を集め、共有し、互いに支えあわなければなりません。そのために、世界の教会、エキュメニカルな宣教団体、NGO、その他の機関が共同してグローバルなキリスト者連帯のネットワークを構築するよう努めます。

（7）再生可能エネルギーの利用を推し進めます。また、シンプルな生活スタイルを通してエネルギー消費の縮小とエネルギー効率の向上に努めます。
（8）若い世代の人々がこの問題を担い、リーダーシップを発揮できるよう教育と訓練に努めます。また、わたしたちの教会が活発な議論を通して変革の担い手となり、この問題の重要さを社会の多くの人が認識するよう努めます。

（主題：『原子力安全神話に抗して――フクシマからの問いかけ』
2014年3月11日〜14日、於：東北学院大学、主　催：日本基督教団）

アジアと宗教の可能性――WCC(世界教会協議会）第10回釜山総会に参加して〈『中外日報』2013年12月19日号〉

ポスト・フクシマの神学――声明「核から解放された世界へ」の検討
〈「日本基督教学会第62回学術大会」(2014年9月9日、関西学院大学）発表原稿〉

III　被ばく地フクシマに立って――現場から、世界から（3）
タヒチで起こっていること――「反原発」ではなく「被ばく者のための連帯」〈本書初出（伊佐恭子氏の協力による)〉

タヒチでの説教：「わが失われしエデン」
〈本書初出（クラウディア・山本宣教師の協力による)〉

放射能禍と宗教者の責任〈『中外日報』2014年7月30日号〉

書評:「責任」という言葉への真摯さ〈『本のひろば』2014年9月号〉

ナルドの壺〈『キリスト新聞』2012年4月7日号〉

フクシマからの声〈日本基督教団教師検定試験（2013年秋季）提出原稿〉

愛について〈日本基督教団教師検定試験（2013年秋季）提出原稿〉

おわりに〈『福音と世界』2013年11月号掲載原稿に加筆修正〉

付録:私の信仰歴〈本書初出（金安弘牧師と安田正人氏の助言による)〉

［初出一覧］

はじめに〈本書初出〉

I　被ばく地フクシマに立って――現場から、世界から（1）

被災地・被ばく地概況と放射能被害を最小化するための取り組み〈「第4回市民科学者国際会議〜 東京電力福島第一原発事故の放射線被ばくによる健康影響を科学的に究明し、防護と対策を実現するために〜」（11月23, 24日、代々木オリンピックセンター）発表原稿に加筆修正〉

2014年3月の黙想――復興・被ばくと祈りの力　その1
〈『朝祷』2014年3月号〉

2014年7月の黙想――復興・被ばくと祈りの力　その2
〈『朝祷』2014年7月号〉

2014年12月の黙想――復興・被ばくと祈りの力　その3
〈『朝祷』2014年12月号〉

2015年3月の黙想――復興・被ばくと祈りの力　その4
〈『朝祷』2015年3月号〉

「フクシマ」と「オキナワ」の提言
〈平和講演会「フクシマとオキナワから問われていること」（2014年3月21日、日本基督教団東北教区センター・エマオ）発題原稿に加筆修正〉

川内村という焦点〈『東北ヘルプ ニュースレター』第8号（2015年3月）〉

II　被ばく地フクシマに立って――現場から、世界から（2）

国際会議「信仰・科学技術・未来」の意義――フクシマ事故の現場から〈「キリスト教史学会東日本部会」（2014年12月13日、明治学院大学）発表原稿〉

著者プロフィール：川上直哉（かわかみ・なおや）
1973年、北海道に牧師の息子として生まれる。神学博士（立教大学）・日本基督教団正教師。日本基督教団仙台北三番丁教会担任教師、宮城県教誨師（日本基督教団東北教区から派遣）、宮城県宗教法人連絡協議会常任幹事（日本基督教団東北教区宮城中地区から派遣）、仙台白百合カトリック研究所研究員、仙台キリスト教連合被災支援ネットワーク（NPO法人「東北ヘルプ」）事務局長、食品放射能計測プロジェクト運営委員長、東北大学「実践宗教学」寄附講座運営委員、世界食料デー仙台大会実行委員長。

主な著書

『日本におけるフォーサイス受容の研究：神学の現代的課題の探究』（キリスト新聞社、2012年）、『食卓から考える放射能のこと』（共著・いのちのことば社、2013年）、『被災者支援と教会のミニストリー』（共著・いのちのことば社、2014年）。

YOBEL新書 030

被ばく地フクシマに立って――現場から、世界から

2015年4月 3日 初版発行
2015年5月28日 再版発行

著　者 ― 川上直哉
発行者 ― 安田正人
発行所 ― 株式会社ヨベル　YOBEL, Inc.

〒113-0033 東京都文京区本郷4-1-1　菊花ビル5F
TEL03-3818-4851　FAX03-3818-4858
e-mail：info@yobel.co.jp

DTP・印刷 ― 株式会社ヨベル

配給元―日本キリスト教書販売株式会社（日キ販）
〒162-0814　東京都新宿区新小川町9-1
振替 00130-3-60976　Tel 03-3260-5670

　ISBN978-4-907486-21-1 C0216

聖書引用は聖書 新共同訳（日本聖書協会発行）を使用しています。